Freiheit

Vom Leben und Sterben eines Phantoms

Impressum

Bibliografische Information der Deutschen Nationalbibliothek:
Die Deutsche Nationalbibliothek verzeichnet diese Publikation in der
Deutschen Nationalbibliografie; detaillierte bibliografische Daten
sind im Internet über www.dnb.de abrufbar.

Copyright: 2017 Andreas Müller

Covergestaltung: Maren Roloff

© 2017
Herstellung und Verlag:
BoD – Books on Demand, Norderstedt

ISBN: 9783744840385

A: Das ist niemand.

F: Wer ist denn dieser „Niemand"?

A: Einfach niemand.

Inhalt

Einführung

Dieses Buch kann Ihnen nichts geben. Im besten Fall wird es Ihnen etwas nehmen, wobei sich selbst diese Vorstellung im Laufe des Buches als ebenso illusionär entpuppen wird wie die Vorstellung, Sie könnten etwas gewinnen. Nun ja, was Sie neben einer Vielzahl unklarer Vorstellungen über sich und das Leben verlieren könnten, sind Sie selbst. Sie könnten sich selbst verlieren. Allerdings, wie schon angedeutet, handelt es sich hierbei um eine Geschichte. Denn bei Befreiung handelt es sich nicht um das Ende einer realen Instanz, es ist eher so, dass Ihre Existenz bereits Geschichte ist.

Es gibt Sie nämlich gar nicht als das, als was Sie sich erfahren, so Sie sich denn erfahren. „Ich bin" und „Ich erfahre etwas" sind ein Traum. Das Erfahren einer Subjekt-Objekt-Realität gleicht einer künstlichen Realität, einer künstlich aufaddierten Realität, die darauf basiert, dass ein reales Subjekt reale Objekte erfährt. Genau das ist das „Ich bin"- und „Ich erfahre etwas"-Erleben. Innerhalb dieses Erlebens gibt es „mich" – einen Menschen, der hier und jetzt anwesend ist – und eine Situation, in der ich mich befinde. Das ist das Setup von Trennung. Die feinste Form der Trennung ist Gewahrsein – ein feines Erleben von Anwesenheit, das sich selbst als etwas Eigenes, zwar Unbekanntes, aber Reales erfährt.

Dieses Setup – dieses Erleben – ist illusionär. Es ist nicht in dem Sinne real, wie es erfahren wird. Sich als „jemand" zu erfahren bedeutet, durch den scheinbaren Vorgang des Erfahrens von dem, was geschieht, getrennt zu sein. „Ich bin" erfährt sich als „jetzt und hier" anwesend, getrennt von der Situation, in der es sich zu befinden glaubt. Diese scheinbare Trennung, die nicht nur eine Idee ist, sondern ein energetisches Erleben, ist die Ursache für das Erleben, nicht erfüllt zu sein und Erfüllung zu suchen. Die Suche nach Einheit ist Teil des Traumes von „Ich bin", genau wie das Erleben, diese Einheit verloren zu haben. Das Dilemma ist, dass, egal welche Erfahrung das scheinbare Ich macht, diese Erfahrung im Erleben unbefriedigend bleibt, gerade weil es sich um eine Erfahrung handelt. „Ich bin" erfährt eben nur. Befreiung, so wie sie hier im Buch besprochen wird, ist nicht ein Aufwachen aus dem Traum, „jemand" zu sein, sie ist das Ende dieses Traumes. Aus der Sicht von „Ich bin" ist das der Tod – das Ende des Erlebens einer realen

1

Anwesenheit, das Ende des Erlebens, „jetzt hier" zu sein. Im Sterben jedoch stellt sich heraus, dass gar nichts lebt. Im Sterben stellt sich heraus, dass gar nichts stirbt. Im Sterben stirbt nichts und im Leben lebt nichts. Die erlebte Trennung ist illusionär. „Ich bin" ist illusionär. Niemand muss finden, denn es ist niemand verloren. Dass „ich" befreit werden müsste, ist der Traum. Dass in der Lösung „meiner" Probleme Befreiung liegt ist, ist der Traum. Dass „etwas" existiert, ist der Traum. Verglüht „Ich bin", verglüht nichts – und doch: Was bleibt, ist alles. Was bleibt, ist eine Vollkommenheit, der es an nichts fehlt. Was bleibt, ist das, was ist. Was bleibt, ist das: nicht-etwas, das erscheint als das, was erscheint. Es ist diese Zeilen zu lesen, dieses Buch in den Händen zu halten, diese Gefühle und Gedanken – natürlich für niemand.

Nicht kennen

In Befreiung zu leben heißt, in Nicht-Wissen zu leben – im Sinne von Nicht-Kennen bzw. Nicht-Erfahren. Denn weil nichts als etwas Reales erfahren wird, kann auch nichts als etwas Reales gekannt werden. Das energetische Setup des Subjekt-Objekt-Erlebens verpufft zum Unbekannten. Aus der Sicht des scheinbaren Ich mag das tot und unwirklich wirken, doch auch hier die Überraschung: Das Ende des Erlebenden nimmt dem, was passiert, keineswegs die Fülle. Es rückt vielmehr alles an die rechte Stelle, nämlich vom scheinbar Realen ins real Illusionäre. Und auch damit wird dem, was scheinbar geschieht, nichts genommen, sondern seine Ganzheit zurückgegeben. Es sind eben „Sie", der das, was passiert, als unvollkommen erlebt, gerade weil Sie es nur erleben. Diese Verdinglichung des Nicht-Dinglichen, dieses Leben als künstliche Realität scheint dermaßen schmerzhaft und unbefriedigend zu sein, dass Sie tagein, tagaus versuchen, ihr zu entkommen. Natürlich ist das unmöglich. Woraus Sie nämlich entkommen müssten, ist nicht irgendein Traum – der Traum sind Sie selbst. Das ganze eben beschriebene Setup – „Ich bin", „Ich erfahre etwas", „Ich muss und kann finden" – ist illusionär. Es hat keine eigene Realität und nur solange Bestand, wie

„das Unbekannte" als solches erscheint. Ihr Leben hängt am seidenen Faden – einem feinen seidenen Faden wohlgemerkt. Nun ja, es gibt eben weder Sie noch Ihr Leben. So gesehen, hängt da gar nichts.

Suche

Die Suche also, das Gefühl, dass noch etwas fehlt, ist Teil des Erlebens, „jemand" zu sein. Das Dilemma ist, dass sie unbefriedigt bleibt, ja bleiben muss. Das scheinbare Ich sucht nach etwas Realem in einer Realität, die so gar nicht existiert. Es vermutet einen realen Zustand oder ein reales Ereignis „Befreiung", obwohl es ein solches gar nicht gibt, in einer Zukunft, die es nicht gibt und die deshalb nie eintreten wird. Ganz abgesehen davon, dass etwas sucht, nämlich das scheinbare Ich, das auch nicht so existiert, wie es sich erlebt, nämlich als real. So ist und bleibt die Suche zum Scheitern verurteilt. Nicht nur, weil jedes Finden illusionär ist, sondern weil auch der Suchende selbst illusionär ist.

Ist das hier deshalb ein Aufruf, die Suche sein zu lassen? Ja und nein. Ja, denn natürlich ist, wie oben beschrieben, jegliche Suche nach persönlicher Erfüllung auf wundervoll absolute Weise vergebens; und nein, weil da natürlich niemand ist, der die Suche aufgeben könnte und müsste und weil Suche offensichtlich das Unbekannte ist, das als „Suchen" erscheint. Wer sollte also was aufgeben, wenn das, was erscheint, gar nicht aus eigenständiger Realität besteht?

Das heißt zu versuchen, die Suche aufzugeben, ist ebenso zum Scheitern verurteilt, da es sich hierbei um ein weiteres, scheinbar vergebliches Suchen handeln würde. Auch hier vermutet das scheinbare Ich im Beenden der Suche persönliche Erfüllung, die ja, wie schon angesprochen, nicht existiert. Tja, ein Dilemma könnte man es nennen, wenn auch „nur" ein scheinbares.

Einheit umsetzen

Das Dilemma des scheinbaren Ich ist, dass es glaubt, Einheit (oder Gott) umsetzen zu müssen. Es glaubt, dass es sich entweder um eine Erfahrung handelt oder um eine persönliche Realisation. Natürlich kann das scheinbare Ich nicht anders – es besteht nur daraus, genau so zu leben und zu erfahren – und doch ist dieser Versuch hoffnungslos zum Scheitern verurteilt. Aus der Annahme, gottgleich oder zumindest gottähnlich werden zu können, entstehen all die spirituellen Methoden und auch die Religionen. So versucht das Christentum seit ca. 2000 Jahren, „Liebe" umzusetzen und diese in die Welt zu tragen - scheinbar mit durchwachsenem Erfolg. Buddhisten üben sich in Gleichmut; spirituelle Sucher versuchen, bedingungslose Liebe zu erfahren, dauerhaft still zu werden, Konditionierungen zu lösen, um in Frieden und eigenschaftslos zu sein, sich nicht berühren zu lassen, um als unberührtes, erleuchtetes Ich über den Dingen zu schweben. Der Sucher wähnt sich dabei in einer Entwicklung, die aus Vor- und Rückschritten, aus Erfolgen und Niederlagen besteht. Was er nicht sieht, ist, dass er sich eher im Kreis dreht. Alle diese scheinbaren Erfolge betreffen eben nicht das Erleben, „jemand" zu sein selbst, sondern finden allesamt nur statt innerhalb seines illusionären Erlebens. Anstatt sich zu einem wahren „gut" aufzuaddieren, sind sie flüchtige und vor allem leere Erfahrungen. Leer sind sie deshalb, weil ihnen keine Realität innewohnt. „Ich erfahre etwas" ist eben ein Traum – eine Realität, die gar keine Realität ist. Und so bringen Erfahrungen gar keine Erfüllung mit sich. „Ich bin" besteht nur daraus, innerhalb seiner Traumwelt zu leben, zu arbeiten, zu suchen und vermeintlich zu finden. Dass jede Suche und jedes Finden genauso illusionär ist wie es selbst, bleibt ihm innerhalb seines Erlebens verwehrt. Wäre es real, wäre es tragisch.

Nicht darin

Das, was ist, ist „es", aber es ist nicht darin. Es ist auch nicht außen herum oder darunter oder darüber. Es ist das, was ist. Das scheinbare Ich vermutet das Absolute getrennt vom Relativen. Es glaubt, dass dieses Absolute etwas Reales ist, das jenseits dessen liegt, was es erfährt. So erfindet es einen Gott, eine göttliche Intelligenz, eine Quelle, einen Urgrund, den göttlichen Funken, eine reine Seele – alles Dinge, die auf irgendeine Art getrennt sind von dem, was „Ich" als Leben erfährt. Das Dilemma ist, dass Vollkommenheit gar nicht jenseits ist, sondern nur jenseits des Erlebens von „Ich bin". Vollkommenheit ist nicht mal jenseits von „Ich bin" und dessen Erleben an sich – denn auch das ist „es" – sie scheint nur jenseits zu sein innerhalb dieses Erlebens; aber auch das wiederum ist auf seine eigene Weise vollkommen.
Sie können der Vollkommenheit nicht entkommen, weil Sie sie sind. Aber solange Sie sind, werden Sie sie nicht erfahren können. Sitzen ist „es", essen ist „es", sprechen ist „es", atmen ist „es", denken ist „es". Und so ist Vollkommenheit eben nichts weniger als das, was ist. Sie ist das, ohne eine „sie" zu sein.

Um – zu

Demut, Mut, Einsichten, Achtsamkeit, Lernen, Wahrheit, Offenheit – alles Dinge, die spirituelle Lehrer raten; Bedingungen, die zu erfüllen wären. Umstände, die man schaffen könnte... Und wozu das alles? „Um... zu...". Um erleuchtet zu werden. Um weiter zu kommen. Um, um, um. Doch ich frage: Welche Bedingung hat der Tod? Was können Sie tun, um ihn zu fördern? Wieso sollten Sie ihm mutig, achtsam und offen entgegenstürzen? Wieso, frage ich mich? Ich habe keine Lehre. Ich kann Sie nirgendwo hinführen. Es gibt weder mich noch Sie. Keine Bedingung muss erfüllt werden. Kein Zustand ist der richtige, denn es gibt Zustände nicht. Was immer Sie tun, was immer Sie denken, das ist „es". Das ist das, was Sie suchen, aber niemals finden werden, weil es bereits ist. Nichts ist getrennt, nichts

5

ist „da drüben". Es gibt nur das, was scheinbar passiert. Unauffindbar, weil nicht versteckt. Nicht wahrnehmbar, weil nicht getrennt. Leer, weil bereits alles.

Befreiung

Befreiung, so wie sie hier besprochen wird, ist Ihr Tod – der Tod des Erlebens, „jemand" zu sein. Sie gleicht dem letzten Ausatmen: Es ist immer entspannt. Bis dahin kann alles sein: Kampf, Hingabe, Akzeptanz, ein Wechsel zwischen den dreien, Verdrängung. Selbst beim letzten Einatmen nimmt das scheinbare Ich noch an, das nächste Ausatmen zu überleben und von ihm in den nächsten Moment geführt zu werden. Doch so ist es nicht, es lebt nämlich niemand. Im Ausatmen verpufft der bis dahin Erlebende, allerdings ist es kein realer Tod. Er verpufft in der Offensichtlichkeit seiner Illusionshaftigkeit. Es lebte niemand und plötzlich kann auch niemand sterben. „Ich bin" ist illusionär. Dass etwas sterben kann, ist Teil dieses Erlebens. Was bleibt, ist das, was ist: scheinbares Bewusstsein ohne Bewussten. Scheinbares Leben ohne Erlebenden. Was bleibt, ist das, was ist, ungekannt, ungeklärt und unerforscht, weder in Bewegung noch stillstehend, weder hier noch dort, weder etwas noch nichts. Was bleibt ist nicht-etwas.

Einfachheit

Diese Botschaft, deren Einfachheit nicht zu überbieten ist, ist nicht umsetzbar. Es gibt nämlich gar nichts umzusetzen. Es gibt nichts zu tun und nichts zu lassen. Es gibt bereits niemand, der tut oder lässt. Somit ist das, was scheinbar passiert, ein richtungsloses Fallen ohne Anfang und ohne Ende. Es gibt kein Erwachen daraus – auch kein Böses, das das scheinbare Ich bis zum Schluss erwartet. Niemand beeinflusst dieses richtungslose Fallen, weder von außen noch von innen, ganz einfach weil da gar niemand ist. Es gibt nichts

Getrenntes – weder etwas, das außerhalb davon steht, noch etwas, das innerhalb davon lebt. So sind sowohl Gott, ein göttliches Bewusstsein, als auch das Erleben, „jemand" zu sein, das persönliche Bewusstsein sozusagen, illusionär. D.h., es gibt „nur" das, was ist. Das ist „es". Mehr gibt es nicht. Das Dilemma des scheinbaren Ich besteht darin, dass das, „was ist", nicht kennbar ist. Aber um ehrlich zu sein, wen interessiert das schon? Genau das ist ein weiteres Dilemma des scheinbaren Ich: So sehr es sich auch der Idee annähern kann, dass seine Suche hoffnungslos zum Scheitern verurteilt ist, so sehr hat es auch keinen Zugang dazu. Es besteht eben „nur" daraus, aufgrund der erlebten Trennung – die natürlich illusionär ist – unbefriedigt zu sein. Seine scheinbare Suche erwächst gerade aus der erlebten Trennung. Die Sehnsucht nach Einheit kann weder durch Verständnis noch durch irgendetwas sonst gestillt werden. Sie erlischt erst in der scheinbaren Verschmelzung – einer Verschmelzung, die letztendlich gar nicht geschehen kann, denn die erlebte Trennung – „Ich bin" – ist nicht real. Was nach dieser scheinbaren Verschmelzung, die nichts anderes ist als das Ende des Erlebens, „jemand" zu sein, übrig bleibt, ist weder kennbar noch erfahrbar noch sonst irgendetwas – zumindest bleibt kein Verschmolzener übrig. Das würde nur im romantischen Traum von „Ich bin" geschehen und wäre persönliche Erleuchtung – etwas, das genauso wenig existiert wie „Ich bin" selbst. Was übrig bleibt, ist das, was ist: nicht-etwas. Da nicht-etwas aber im wahrsten Sinne des Wortes nicht etwas ist, ist und bleibt es das Nicht-Kennbare. Aber: Vermuten Sie im Nicht-Kennbaren bitte nicht ein neues Etwas, das hinter dem sitzt, das scheinbar passiert. Nein, es ist weder dahinter noch jenseits davon. Was ist, ist das: vor einem Computer sitzen und diese Zeilen lesen. „Sie" sein. Gedanken, Gefühle, ein Zimmer, ein elektronisches Gerät, das ist das, was ist, und ist gleichzeitig unkennbar. Um ehrlich zu sein, ist das keine große Sache – es ist einfach so, völlig gleichgültig, wie viele Konzepte und Theorien über die Natur der Wirklichkeit erfunden werden. Was bleibt, ist das, was ist.

Alles ist leer

Alles ist, was es ist. Nichts anderes. Nur das. Alles ist leer – leer im Sinne von „ohne getrennten Inhalt". Entgegen der Annahme des scheinbaren Ich nimmt dieses „ohne getrennten Inhalt" nichts weg; es scheint die Dinge eher ins rechte Licht zu rücken.

Leerheit ist die natürliche Realität – und damit meine ich nicht eine bloße nicht-erfüllende Draufsicht aus der beobachtenden „Ich-Perspektive". Leerheit bedeutet nur, dass zwar alles das ist, was es ist, aber eben auch leer an Inhalt. Dass Dinge real sind, also einen eigenen „Inhalt", eine eigene Essenz haben, ist Teil des Traumes von „Ich bin". Das lebt damit in einer Welt aus Inhalten, die so gar nicht existiert. Die Befreiung liegt im „Zurechtrücken", im scheinbaren Anerkennen der Nicht-Dinghaftigkeit bzw. Inhaltslosigkeit von Dingen.

Wie schon gesagt, aus der bloßen Draufsicht ist diese Leere fad und höchstens interessant für den in der neutralen Beobachter-Position gefangenen Sucher. Dieser mag eine ganze Weile auf der „Es ist alles so leer"-Welle reiten, bis auch ihm dieses „die Leerheit Schauen" aus purer Ödnis zum Hals heraus hängt.

Die Überraschung liegt darin, dass dieses reine „Alles ist, was es ist" nicht nur ohne getrennten Inhalt, sondern gleichzeitig mit der Wucht des (absolut So-)Seins dermaßen erfüllt ist, dass das, was erscheint, nicht nur leer, sondern zwar leer, aber auch erfüllt, also voll ist.

Jesu Tod

Das Ende von „Ich bin" ist die Bankrotterklärung des spirituellen Suchers. Ich habe es nicht geschafft, mich zu heilen. Ich bin daran gescheitert, ein anderer Mensch zu werden. Ich habe es nicht geschafft, zu erwachen. Ich habe es nicht mal geschafft, zu überleben. Im scheinbaren Sterben offenbart sich das, was Jesus vermutlich mit „ewigem Leben" meinte – etwas, das er zwar zu Lebzeiten predigte, aber erst am Kreuze erfuhr. „Vater, warum hast Du mich verlassen?" – der letzte Aufschrei des scheinbar getrennten

Ich in der Stunde der größten Not. Am Kreuze, Jesus' dunkelster Stunde, im Moment der größten Verzweiflung, stirbt der Glaube an Gott, den Jesus gepredigt hatte. In dieser nackten, sehnsuchtsvollen Begegnung stirbt Jesus. Es ist „Ich bin", das da am Kreuze stirbt – und zusammen mit „Ich bin" stirbt der spirituelle Lehrer Jesus. Was bleibt, ist nichts. Nicht-etwas. Der Heilige Geist, nicht-etwas. Der eine Geist, wie Huang-Po ihn vielleicht meinte. Der eine Geist, der nichts ist und alles zugleich.

Befreiung gleicht mehr dem Tod am Kreuz, auch wenn es diese Dramatik keinesfalls benötigt. Der Tod kann ebenso leise und undramatisch sein. Die Überraschung ist: Im Tode stirbt gar nichts. So dramatisch der Tod aus der Sicht des scheinbar Lebenden wirken kann, so wenig ist er es, wenn er geschieht. Er ist nichts. So wenig es den Lebenden gibt, gibt es nämlich seinen Tod. Das ganze Drama des Lebenden, sich durchs Leben zu kämpfen, endlich herauszufinden, endlich anzukommen, es endlich zu schaffen – nichts weiter als ein Traum. Verpufft. Einfach so. Am Kreuz, beim Bäcker, zuhause. Ob laut und schrill oder leise und still – was bleibt, ist das, was alles ist. Was bleibt, ist das Unbekannte. Was bleibt, ist Selbst, das nicht gekannt wird.

Befreiung hat nichts zu tun mit all der Spiritualität, die mal kuschelig, mal grob und brachial daherkommt – im Versuch, etwas Ordnung in die Tragik der Suche zu bringen. „Aber man muss doch weiter an sich arbeiten", hört man manchen Lehrer sagen. Vergiss es. Was soll der ans Kreuz genagelte noch arbeiten? Seinen Schmerz integrieren? Pah, nur der Tod lockt noch mit Hoffnung. Im wahren (scheinbaren   :-)) Tod bleibt niemand übrig, der danach noch könnte...

Aus dem Paradies... ?

Wie sagte Jesus? „Das Reich Gottes ist bereits angebrochen" und „Suchet nicht." Wie recht er hat. Das Paradies – der Garten Eden – ward nie verlassen. Was ist denn die Vertreibung? „Ich bin" – das Wissen um eine eigene Existenz. Das Erleben, „jemand" zu sein, ist die Vertreibung aus dem Paradies. Die gute Nachricht: Es gibt gar keine Vertreibung. „Ich bin" ist illusionär. Getrennte Existenz ist illusionär. Was ist, ist der Garten Eden. Eine zusätzliche, reale Realisation davon ist nicht nur unmöglich, sondern auch unnötig. Der Wunsch und die Sehnsucht danach, dass „ich" den Garten Eden als solchen erfahren kann, ist bereits Teil dieses illusionären Erlebens, „jemand" zu sein. Diese Notwendigkeit besteht nicht. Die Not des scheinbaren Ich ist Teil dessen Traumes von Anwesenheit. Es gibt sie nicht. Diese Not ist künstlich und bedarf keiner Beantwortung – weder als Trost noch als Hilfe noch als Ankommen. Was ist, ist Garten Eden – ein Garten, in dem alles das ist, was es ist – nackt und rein. Es gibt nichts anderes.

Endlich alles gut

Das scheinbare Ich ist süchtig nach „gut". Es glaubt an ein reales „gut" und hofft, dass es das irgendwann erreichen wird. Die ganze Suche nach Erleuchtung, Erfüllung, Selbstverwirklichung entspringt dem sehnlichsten Wunsch und der nahezu unverrückbaren Hoffnung des scheinbaren Ich, dass irgendwann im Leben ein Punkt kommt, an dem „es" endlich gut ist, und zwar für mich und für immer. Es muss keine spirituelle Suche sein – „Ich bin" sucht überall. Wo es geht und steht, hofft es, etwas zu bekommen: ein weiteres Puzzle-Teil auf dem Weg zur Erfüllung. Weil es das, was es erlebt, als unbefriedigend erlebt, sucht es eine Bestätigung dafür, dass es gut ist. Es versucht sich einzureden, dass es gut ist, wie es ist. Seine ganze Suche, alle Religionen, Philosophien, entspringen scheinbar (!) dieser einen Frage: „Wie kann das, was ist, endlich gut sein für mich?! Und zwar richtig! Richtig, wirklich gut?!" Das Dilemma ist, dass das unmöglich ist. „Ich bin" kennt vielleicht Momente, Zustände, in denen es „wirklich gut" war, doch selbst die konnten diese Sehnsucht nicht befriedigen. Unbefriedigt-Sein ist Teil des Erlebens, „jemand" zu sein. „Ich bin" bleibt unbefriedigt, gerade weil es erlebt. Es bleibt ständig getrennt vom Erlebten – und ist deshalb unerfüllt. Das ist die Realität, in der es lebt. Scheinbar! Wäre diese Realität real, wäre es tragisch. Es wäre die endgültige, unauslöschliche Trennung von Gott. Doch genau das ist der Traum. Dieses ganze Setup aus „Ich bin",

„Ich erlebe etwas", „Ich kann und muss Einheit erfahren" ist illusionär. „Ich bin" hat keine eigene Realität, sondern ist das, was scheinbar passiert. Nicht mehr und nicht weniger. Das ist das Wunder.

OnenessTalks mit Andreas

Real

F: Gibt es denn etwas Reales?

A: Nein, natürlich nicht. Es gibt nur das, was scheinbar passiert. Sitzen, sprechen, sich anschauen... usw. Das ist „es".

F: Ist Einheit nicht real?

A: Naja, es gibt eben keine Sache namens Einheit, sondern nur das, was scheinbar passiert. Da es unkennbar ist, kann man es nennen, wie man will. Es bleibt trotzdem unkennbar.
Das scheinbare Ich ist darauf angewiesen, etwas Reales zu finden. Das ist die Realität, die es kennt und in der es sucht. Es sucht etwas, das es finden, wissen oder haben kann und auf das es sich verlassen kann. Eine absolute Einheit zum Beispiel, ein absolutes Wissen, ein beständiger Zustand von Ausgeglichenheit und Freude. Doch nichts davon existiert, natürlich auch nicht das Gegenteil. Es gibt auch nicht nur das Relative, das Ungenügende und Unbeständige. Das Einzige, was existiert, ist das, was scheinbar passiert. Und das ist „es". Oder: Das scheinbare Relative ist absolut alles! Das ist das Wunder. Es gibt gar nichts anderes. Diese Totalität ist Freude!

F: Oh ja, diese Freude möchte ich auch.

A: Du kannst sie nicht haben. Sie ist unkennbar, weil sie keine Erfahrung ist.

F: Aber wenn ich es nicht erfahren kann, was habe ich dann davon?

A: Nichts natürlich. Das scheinbare Ich sucht nach persönlicher Erfüllung innerhalb seines Erfahrens. Das ist das Einzige, was es kann, denn zu erfahren ist alles, was es hat. Es lebt nur in persönlichem Erfahren. Deshalb erlebt es auch nur einen Teil des

Ganzen, nämlich das, was es erlebt. Innerhalb dieses Teils sucht es nach dem Absoluten. Das Dilemma ist, dass dieser Teil nicht als Teil existiert. Das scheinbar Erfahrene ist nichts Getrenntes. Das ganze Setup aus „Ich erfahre etwas" ist illusionär und somit auch alles, was in dieser scheinbaren Erfahrungswelt geschieht.

F: Uiuiui. Wie soll ich da bloß rauskommen?!

A: Du bist gar nicht drin! Es ist die Illusion des scheinbaren Ich, in der Illusion zu sein und daraus aufwachen zu können.

F: Ich kann gar nicht aufwachen?

A: Nein, kannst Du nicht. Wer sollte aufwachen? Und vor allem, wohin? „Ich bin" möchte aus seinem schleimigen, menschlichen, relativen Leben ins Absolute, Reine, Göttliche erwachen. Es möchte aus seiner Erfahrung in eine bessere, höhere Erfahrung erwachen. Das kann zwar so erscheinen, bleibt aber innerhalb des Erlebens von „Ich bin" und damit unmöglich. Dass „Ich bin" existiert und nur erfährt, lässt das, was scheinbar passiert, in seinem Erleben ungenügend erscheinen, während das Absolute jenseits davon vermutet wird. Das ist der Traum. Nur zu erfahren ist die künstliche Realität – eine Realität, die, zum Glück, selbst nicht real ist.

F: Wieso zum Glück?

A: Wäre sie real, wäre es die Hölle. Wäre Trennung real, wäre sie real. Aber so wird sie nur als real erlebt, ohne es wirklich zu sein. (lacht)

F: Na, Du bist gut. Für mich ist das absolut real.

A: Ja, so ist es. Für „Ich bin" ist „Ich bin" absolut real.

F: Ein schwacher Trost ist dieses „irreal".

A: Es ist überhaupt kein Trost. „Ich bin" hat zu „irreal" keinen Zugang. Den wird es auch nie haben, bzw. es besteht nur daraus, ihn nicht zu haben.

F: Du bist echt keine Hilfe.

A: Nein, natürlich nicht. Wem sollte geholfen werden?

F: Na mir!

A: Aber da ist niemand. Dieses ganze Setup ist illusionär. Niemand wird eins, denn niemand ist getrennt.

F: Ja, aber nicht für mich. (lacht)

A: Ja, natürlich. Auch das ist das, was scheinbar passiert. (lacht auch)

Bewusst/Unbewusst

F: Andreas, manchmal sagst Du, dass Befreiung eher das Gegenteil von Bewusstsein ist. Heißt das, es geht darum, unbewusst zu werden?

A: Ja und nein. Erstmal geht es um gar nichts. „Befreit" kann man nicht werden, denn da ist niemand, der befreit oder nicht befreit sein könnte. Und ja, es ist nicht wirklich das Gegenteil von Bewusstsein, sondern eher jenseits von Bewusstsein – jenseits des Spiels von bewusst und unbewusst.

F: Jenseits?

A: Naja, scheinbar jenseits. Bewusstsein ist illusionär, also ist ein bewusteres Bewusstsein ebenso illusionär. Es hat in Bezug hierauf keine Bedeutung. Befreiung ist das Ende der Illusion von Bewusstsein als realer Instanz. Aber auch das ist eine Geschichte, denn weder Bewusstsein noch die Illusion davon waren jemals real.

F: Jetzt verstehe ich gar nichts mehr.

A: Macht nichts.

F: *Aber irgendwie habe ich mittlerweile den Eindruck, unbewusster zu werden.*

A: Ja, das kann durchaus so wirken. Wenn das scheinbare Ich, das nur darin lebt, sich als bewusst zu erleben, verpufft, kann sich das anfühlen wie unbewusst werden. Im Ende von „Ich bin" ist allerdings niemand unbewusst, es ist einfach das Ende von Bewusstsein als Realität, als reale Instanz.

F: *Und?*

A: Kein „und". Es spielt keine Rolle – es rückt nur alles an den richtigen Platz. Scheinbar zumindest, denn es war immer alles „richtig".

Frieden

F: *Ich möchte endlich Frieden finden.*

A: Naja, was Du suchst, ist eine friedliche Erfahrung bzw. eine dauerhafte friedliche Erfahrung. Und die gibt es nicht. Eine friedliche Erfahrung kann zwar erscheinen, aber sie hat keine Bedeutung. Das, was Frieden sucht, lebt in der Illusion des Unfriedens. Und das, was in dieser Illusion lebt, ist selbst nicht real. Frieden ist die natürliche Realität.

F: *Aber diesen Frieden kann ich doch nicht erfahren, oder?*

A: Richtig. Du kannst ihn nicht erfahren, weil Du nichts anderes bist. Solange es einen Erfahrenden gibt, wird dieser im Unfrieden sein.

F: *Aber wie kannst Du das, was passiert, als Frieden bezeichnen?*

A: Weil es absolut in Frieden ist. Niemand beeinflusst es, niemand manipuliert es, niemand lenkt es. Es ist absolut frei, so zu sein, wie es ist. Das ist Frieden. Aber wie schon gesagt: ein Frieden, der keine Erfahrung von sich braucht. Ein Friede, der keinen Frieden braucht, aber auch als dieser erscheinen kann. Das scheinbare Ich möchte wonniglich im Frieden baden, als wäre er eine Erfahrung.

F: Was ist dann der Friede?

A: Nicht-etwas. Letztendlich ist es nicht mal Friede.

F: Das scheinbare Ich kann doch nicht anders als nach einer Erfahrung zu suchen.

A: Ja, natürlich. Es ist das Einzige, was es kennt: zu erfahren. „Ich erfahre etwas" ist der Traum. Weil über allem der Schleier des persönlichen Erfahrens liegt, bleibt er verborgen. „Ich bin" erfährt eben nur; das macht es fad.

F: Kann es zu einer unpersönlichen Erfahrung kommen?

A: Es gibt keine unpersönliche Erfahrung in dem Sinn, dass diese dann Befreiung wäre.

F: Was ist dann Befreiung?

A: Nichts. Es gibt sie nicht. Sie ist das Ende des energetischen Setups aus „Ich erfahre etwas" – ein Setup, das aber niemals real war.

F: Manchmal fühlt es sich an wie Sterben.

A: Ja, aus der Sicht des scheinbaren Ich ist es das. Erst im Tod stellt sich heraus, dass es nichts ist. Es lebt nämlich nichts, das sterben kann.

F: Dafür ist es aber echt intensiv. Phasenweise zumindest. Da bekomme ich Todesangst.

A: Ja, es kann sehr intensiv sein oder fast unbemerkt. Manchmal kommt der Tod auf leisen Sohlen. Er schleicht sich an und, eh man sich versieht, ist man weg.

F: So war es bei Dir doch, oder?

A: Ja, ich bin eher langsam gestorben. (lacht) Es kann so und so sein und alles dazwischen. Wie gesagt, am Ende stellt sich heraus, dass nichts davon real war und niemals geschehen ist.

Selbst-Realisation

F: Wie kann man denn das Selbst realisieren?

A: Welches Selbst denn?

F: Das wahre Selbst natürlich.

A: Es gibt kein wahres Selbst als eine reale Instanz, die entdeckbar wäre. Jedes Entdecken setzt einen Entdecker voraus und etwas, das entdeckt werden könnte. Der Entdecker aber ist illusionär und somit auch sein Entdecken.

F: Aber wie kann ich denn das erkennen, wovon Du sprichst?

A: Gar nicht. Was ist, ist nicht zu entdecken. Es ist einfach.

F: Aber was ist denn das?

A: Es ist das. Es ist das, was scheinbar passiert. Das ist es. Das ist das Eine ohne Zweites, bzw. das ist Keines ohne Erstes und ohne Zweites.

F: Manchmal sagst Du doch auch nicht-etwas.

A: Ja, aber das, was passiert, ist nicht-etwas. Diese Konversation ist nicht-etwas. Diese Konversation ist pures Selbst. Es gibt nichts, das getrennt davon ist und es gibt nichts, das sich als das erfährt. Selbst macht keine Erfahrung von Selbst – es ist einfach das, was ist.

F: Aber was ist es denn?

A: Na das, was scheinbar passiert. Wie blind kann man denn sein? (lacht)

F: Gibt es denn ein falsches Selbst?

A: Wenn Du auf das Ich anspielst, natürlich nicht. Es erlebt sich zwar als etwas Eigenes, ist es aber gar nicht. Die Idee, dass es persönliche Selbst-Realisation gibt, ist Teil seines Erlebens. Natürlich wird sich dieses Schein-Selbst niemals realisieren, denn es hat keine Realität. Einheit – Selbst – ist zu 100% realisiert. Das, was scheinbar geschieht, ist die vollkommene Realisation von Selbst. Es gibt nichts anderes.

F: Wieso kann man es denn überhaupt „Selbst" nennen?

A: Man kann es Selbst nennen, weil es nichts anderes gibt. Es gibt hierin nichts Fremdes, kein Gegenüber. „Es" bin alles ich – jedoch ohne eine Erfahrung davon, das zu sein.

Sehnsucht

F: Woher kommt diese Sehnsucht nach Einheit?

A: Sie ist Teil des Erlebens von Trennung. Jede Suche, jedes Streben nach Einheit entspringt diesem unmittelbaren Erleben von Trennung. Würde sich das scheinbare Ich dem stellen, würde es sofort sterben. Allerdings sucht es lieber als zu sterben.

F: Warum möchte ich denn nicht sterben, obwohl die Sehnsucht danach so groß ist?

A: Das Dilemma ist, dass „Ich bin" seine Befreiung nicht erleben kann. Es wünscht sich Einheit, hofft aber gleichzeitig, diese erleben zu können. Kommt es der Verschmelzung nahe, weicht es zurück, denn sie wäre sein Ende.

F: Kann ich mich denn nicht hingeben?

A: Nein, denn da ist niemand. Dieses ganze Erleben ist illusionär, d.h. es gibt weder eine reale Trennung noch ein reales Verschmelzen. Die Sehnsucht – und die Angst davor, zu sterben – ist Teil eines Traumes. Es lebt niemand.

F: „Es lebt niemand" hört sich schon krass an. Was bleibt denn dann?

A: Das, was ist. Wilde, unbekannte Fülle. Leer und voll zugleich. Eine Sattheit, die keine Erfahrung von sich macht. Es ist das, was scheinbar passiert.

Konditionierung

A: Das scheinbare Ich scheitert ständig bei dem Versuch, die absolute Erfahrung zu machen. Aus diesem Erleben des Versuchens und Scheiterns entspringt ein Gefühl von „Unwert-Sein". Was bleibt, ist der Eindruck, dass „ich" es entweder falsch mache, nicht gut genug bin oder nicht intensiv genug probiere. Der Rückschluss, den das scheinbare Ich zieht, kann sein, dass es irgendetwas mit ihm bzw. seinem Verhalten, seiner Konditionierung, seinem Charakter oder seiner Persönlichkeit zu tun hat. Der Eindruck ist, dass „ich" nicht richtig bin. So beginnt die Arbeit an der Person. Wenn das Erleben, „jemand" zu sein, verpufft, bleibt zurück ein scheinbar funktionierender Mensch, der so ist, wie er oder sie es ist. Es bleibt zurück eine scheinbare Persönlichkeit, ein scheinbarer Charakter. Die

20

Überraschung ist, dass auch das stimmig ist. Es gibt weder ein Problem mit der Konditionierung noch mit der Persönlichkeit, was ja im Prinzip ein und dasselbe ist.

F: Gibt es denn eine Persönlichkeit?

A: Nein, die gibt es nicht. Andreas ist das, was scheinbar passiert. Es gibt keine reale Persönlichkeit „Andreas". Es gibt keinen realen Charakter „Andreas". Andreas ist das, was scheinbar passiert – allerdings ohne Erfahrenden. Es gibt niemand, der sich selbst erfährt. Veränderung kann erscheinen, muss aber nicht. Es spielt keine Rolle, abgesehen davon, dass da sowieso niemand ist, der das tun oder lassen könnte.

F: Arbeitest Du an Dir selbst?

A: Nein, wer sollte das tun? Die Idee, an sich arbeiten zu können, ist völlig verpufft. Sie verpufft zusammen mit „Ich bin". Allerdings ist auch niemand da, der sich in Selbstgefälligkeit übt. Was ist, ist völlig selbstgefällig – es gefällt sich selbst so, wie es ist, schreckt aber auch vor (scheinbarer) Veränderung nicht zurück. All das geschieht ohne jeglichen Eingriff.

„Ich bin"

F: Manche sagen: „„Ich bin' ist reines Gewahrsein. "

A: Ja, so könnte man es sagen. „Ich bin" jedoch ist illusionär, und so ist es auch Gewahrsein.

F: Und wenn es dann heißt: „Gewahrsein ist alles"?

A: Dann würde ich das so nicht sagen – je nachdem, was man darunter versteht. Gewahrsein ist alles, was „Ich bin" kennt. Es ist nämlich seine Erfahrung. Es ist eine Erfahrung von Anwesenheit – reines Sein, wenn es ohne Geschichte und ohne Bewusstsein ist –

und von einem feinen Gewahrsein darüber. Es ist sehr unpersönlich. Man kann es kaum noch als „Ich" bezeichnen, aber das ist das erste Erleben von Trennung: das Gewahrsein, dass „etwas" existiert. Wird das „fester", könnte man es Bewusstsein nennen. Das ist dann schon ein richtig saftiges „Ich bin". Das hat immer noch einen kräftigen Geschmack von existentieller Freiheit. Danach geht es in die Zerstreuung und in die Geschichte: „Ich bin" alt, hungrig, Mann oder Frau, arm oder reich, erleuchtet oder nicht erleuchtet.

F: Aber das ist doch jetzt „Traum", oder?

A: Ja, alle drei sind Traum. Alle drei sind illusionär: Gewahrsein, Bewusstsein und Bewusstsein mit Geschichte sind illusionär.

F: Wovon sprichst dann Du?

A: Darüber, dass jegliche Anwesenheit illusionär ist. Ohne Grund natürlich, denn ändern tut das nichts. Es ist bereits so.

F: Und was ist dann mit Spiritualität und den ganzen Lehren?

A: Sie sind Teil des Traumes. Sie bewegen sich innerhalb dieser scheinbaren Anwesenheiten. Da geht es dann mittels Techniken – meditieren, beobachten, still werden, aus den Gedanken fallen, dem Atem folgen – von einem Zustand in den nächsten und wieder zurück. Vom „Ich bin Andreas" ins reine „Ich bin" und eventuell ins reine Gewahrsein. Natürlicherweise geht es danach wieder zurück ins „Ich bin Andreas". Das ist okay, jedoch völlig illusionär. Das ist Spiritualität – das Erlangen von Zuständen innerhalb des Erlebens von Anwesenheit. Dass diese Anwesenheit illusionär ist, bleibt innerhalb dieses Erlebens verborgen.

F: Wovon redest Du dann?

A: Wovon ich rede, ist Abwesenheit. Allerdings ist diese Abwesenheit nicht der Gegensatz zur Anwesenheit. Wie gesagt, Anwesenheit ist illusionär. Ihre Existenz ist illusionär. Ich spreche nicht von einem Zustand der Abwesenheit.

F: Aus der Sicht von „Ich bin" kann es aber so wirken.

A: Ja, aus der Sicht von „Ich bin" ist das Ende von Realität der Schritt in die Abwesenheit.

F: Könnte man sagen, dass das, wovon Du sprichst, hinter dem Gewahrsein liegt?

A: Ja, als Geschichte könnte man es so sagen. Befreiung wäre der Schritt vom Gewahrsein, also der Anwesenheit, in die Abwesenheit, also ins Unbekannte.

F: Wieso sagst Du jetzt „als Geschichte"?

A: Weil da niemand ist. Da ist niemand, der diesen Schritt gehen kann. „Ich bin" würde den Teufel tun, denn es wäre sein Tod. Gleichzeitig ist natürlich genau das der Traum: dass „ich" bin und dass es einen Schritt gibt. Dass „ich" anwesend bin und abwesend sein könnte, ist der Traum. Es gibt Dich bereits jetzt nicht als eine eigenständige Realität. Und doch: Wovon hier gesprochen wird, ist das scheinbare Ende dieser scheinbaren Anwesenheit.

F: Was bleibt denn dann übrig?

A: „Das" bleibt übrig. Nicht-etwas, das erscheint als das, was scheinbar passiert – unkennbar, unwissbar, unerlebbar. Es ist völlig unbekannt und gleichzeitig ist es nichts und alles. Es ist die natürliche Realität.

Vernichtend

F: Was Du sagst, ist wirklich vernichtend. „Ich" werde „es" nie erreichen.

A: Ja, absolut. Deine größte Hoffnung, Deine größte Sehnsucht – endlich eins zu werden und das erfahren zu können – wird sich nicht erfüllen. Alles, wofür Du Dich jemals angestrengt hast, hat nicht das mitgebracht, was Du Dir davon erhofft hast: persönliche Erfüllung. All Deine Anstrengungen waren umsonst. Aus der Sicht des scheinbaren Ich ist das wirklich niederschmetternd.

F: Tja...

A: Ja, „tja"... Die gute Nachricht ist, dass es gar nichts zu erreichen gibt. Es muss gar nichts gefunden werden. „Ich habe verloren" ist der Traum.

Befreiend

F: *Andreas, es fühlt sich so befreiend an, hier zu sitzen.*

A: Es ist befreiend. Für niemand allerdings.

F: *Aber es fühlt sich so an.*

A: Wie gesagt, es ist befreiend. Diese ganze Last, das ganze Drama des Getrenntseins – „Ich bin" und „Ich muss finden" – ist illusionär. Es entbehrt jeglicher Realität. Diese Suche, einschließlich des Suchenden, ist nicht real bzw. existiert einfach nicht. Das ist die Freiheit.

F: *Allerdings für niemand.*

A: Ja, für niemand. Solange da „jemand" ist, lebt dieser scheinbare jemand in der Annahme, dass es sich bei Freiheit um eine Erfahrung von Freiheit handelt. Das ist, was das scheinbare Ich kennt. Es erfährt ja hin und wieder Freiheit bzw. hat immer mal wieder ein Gefühl von Freiheit. Das allerdings ist der Traum. Ja, da ist Freiheit, aber der-/diejenige, der/die sie erfährt, erfährt sie als momentan und erfährt sich nur als auf dem Weg zur permanenten Erfahrung von Freiheit.

F: Ich nähere mich dem also gar nicht an?

A: Nein, tust Du nicht. Derjenige, der sich in der Annäherung erlebt, besteht nur daraus, scheinbar getrennt zu sein. Egal, wie nah „Du" scheinbar bist, „Du" bestehst nur daraus, Dich als getrennt zu erleben...

F: ...ohne es zu sein?

A: Natürlich ohne es zu sein. Es gibt keine Trennung. Dass „Du" bist, ist der Traum.

Ein Geschehen

F: Du sagst also, dass das hier alles ein Geschehen ist. Das ist ja dann wirklich einfach: Alles geschieht einfach.

A: Ja, auf eine Art sage ich das natürlich, allerdings gibt es kein reales Geschehen. Das hier – diese Unterhaltung – ist nichts, das real passiert. Oder besser: Es ist nichts, das nur real passiert. Deshalb würde ich das, was ist, auch nicht als ein Geschehen bezeichnen.

F: Wie sagst Du denn dazu?

A: Ich finde nicht-etwas ganz gut, denn es ist im wahrsten Sinne des Wortes nicht etwas.

F: Spielt es denn überhaupt eine Rolle?

A: Nein, natürlich nicht. Was ist, ist unkennbar und unbenennbar, gerade weil es keine Sache ist. Es gibt kein Ding namens Einheit, Bewusstsein oder Gott. Diese Unterhaltung, Du, ich, meine Gedanken, Deine Gedanken, das Zimmer – ist das, was scheinbar passiert. Das ist alles. Das ist „nicht-etwas, das erscheint als das, was erscheint". Diese Unterhaltung ist sowohl nichts als auch etwas.

F: Puh, das ist wirklich nicht zu verstehen.

A: Ja, was diese Unterhaltung wirklich ist, ist nicht zu verstehen.

F: Ist nicht-etwas denn real?

A: Es ist jenseits von Sein oder Nicht-Sein. Diese Unterhaltung ist jenseits von Sein und Nicht-Sein. Oder man sagt: Sie ist real und irreal. Wenn man sagt, dass nicht-etwas real sei, macht man es zu einer Sache. Das ist es nicht. Sagt man, dass nicht-etwas nicht existiert, negiert man „es". Das, was passiert, lässt sich nicht negieren. Was sich allerdings negieren lässt, ist dessen Realität.

F: Aber das sind doch nur Wortspielchen, oder?

A: „Negieren" hört sich vielleicht etwas komisch bzw. intellektuell an; allerdings, zusammen mit dem Erleben von „Ich bin" verpufft das ganze Setup aus „Ich erlebe etwas". Ab dann ist das, was scheinbar passiert, nicht mehr nur real. Natürlich war es nie nur real, nur innerhalb des Erlebens schien es so. Genau das ist ja der Traum: dass „ich" real bin und dass das, was ich erlebe, auch real ist.

F: Wenn das, was erscheint, nicht real ist, was ist denn dann real?

A: Es gibt nichts Reales. Es gibt nur das, was ist – nicht-etwas. Bzw. „nicht-etwas, das erscheint als diese Unterhaltung". Das ist „es", ohne ein „Es" zu sein. Dem steht nichts Reales gegenüber.

F: Aber was ist denn dann die Illusion?

A: Es gibt keine Illusion. Diese Unterhaltung ist keine Illusion in dem Sinn, dass ihr etwas Zweites, Wahres, zum Beispiel eine absolute Ebene, zugrunde liegt. Als Beschreibung könnte man sagen, dass sie illusionär ist. Diese Unterhaltung zu führen jedoch ist alles. Sie ist nicht-etwas – zeitlos, raumlos, bedeutungslos und doch frei und satt. Ohne Ziel und ohne Richtung ist das, was scheinbar passiert, vollkommen so, wie es scheinbar ist.

In Anwesenheit

F: Was ich absolut erstaunlich finde, ist, dass es keine Brücke gibt. Es sind einfach zwei Welten. Das, wovon Du sprichst und das „Ich bin". Es gibt einfach keine Verbindung.

A: Ja, absolut. „Ich bin" findet statt in Anwesenheit und Realität; Befreiung findet statt im Ende davon. Es gibt keine Brücke. Diese zwei Welten werden sich nie begegnen. „Ich bin" wird niemals eins werden – ganz einfach deshalb, weil es nicht getrennt ist. Es versucht, einen Abstand zu überbrücken, der gar nicht existiert. Es versucht das Unmögliche und muss scheitern. Gleichwohl besteht „Ich bin" eben nur daraus, sich als anwesend zu erleben. Dazu, dass diese Anwesenheit illusionär ist, hat es keinen Zugang.

F: Anwesenheit selbst ist also auch illusionär.

A: Ja, dass „etwas" existiert, ist der Traum. Anwesenheit ist der Traum. Es gibt keine Schöpfung; nichts, das real existiert. Das Erleben einer Anwesenheit ist bereits Trennung. Gewahrsein, Bewusstsein ist bereits Trennung – scheinbar natürlich. Wo Eines ist, gibt es ein Zweites. „Was ist" ist nicht Eines, es ist Keines.

Schauen

F: Andreas, was siehst Du, wenn Du in die Welt schaust?

A: Was ich sehe? Naja, um etwas zu sehen, müsste es erst mal einen Sehenden geben, doch den gibt's schon nicht.

F: Wie, Du siehst nicht?

A: Nein, ich schaue erst gar nicht, bzw. da ist eben niemand, der schaut. Es gibt hier kein Zentrum, nichts, von dem aus gelebt wird.

Nichts, das sich als im Körper sitzend erlebt und nach draußen schaut. Das ist Befreiung.

F: Das kann ich nicht nachvollziehen.

A: Ja, das stimmt. „Ich bin" kann das nicht nachvollziehen. Es erlebt sich nun mal als eine reale Instanz, die im Körper wohnt und aus den Augen nach draußen schaut. Diese Instanz lebt in einer Subjekt-Objekt-Realität, wobei sie selbst das Subjekt ist und alles, was diese Instanz erfährt, sind Objekte.

F: Ja, das ist, wie ich erlebe.

A: Ja, scheinbar. Natürlich gibt es weder ein reales Subjekt noch reale Objekte.

F: Ah ja, das ist eine Theorie aus der Psychologie oder Soziologie, glaube ich. Dort wird von einem Ich-Konstrukt gesprochen.

A: Ja, so könnte man das durchaus bezeichnen, allerdings ist „Ich bin" kein Konstrukt, keine mentale Sache, sondern ein Erleben. „Ich bin" ist ein energetisches Setup.

Kein Staub

A: Es gibt nur das, was passiert. Dass daran gearbeitet werden muss, dass es eine Verunreinigung gibt, die gereinigt werden muss, ist der Traum. Es gibt keinen Staub auf dem Spiegel. Der Tod von „Ich bin" ist der Tod des Kritikers, ist der Tod des Zweifelnden, Suchenden und niemals Findenden – der Tod eines (Alp-)Traumes, den es niemals gab. Dieses Aufatmen ist eigentlich ein Ausatmen: das letzte Ausatmen, wenn das Leben Dich ausatmet. Das ist Befreiung: Der Tod des scheinbar Lebenden. Bis dorthin ist alles möglich. Kampf, Widerstand, Akzeptanz, relativer Friede; doch das letzte Ausatmen ist immer entspannt – sowohl im physischen Tod als auch in Befreiung. Im Ende erlischt der Traum der eigenen Anwesenheit.

Was für eine Freiheit. Im Tod offenbart sich, was nie verborgen war: „Ich bin" war ein Traum, die Suche illusionär. Nichts ist je passiert. Es war nichts verloren.

F: Wird das im physischen Tod auch erlebt?

A: Ich weiß nicht, ob es immer so ist, aber ich gehe davon aus. Ein kurzes Aufblitzen, ein kurzes Bemerken im Erlöschen des Traums, das allerdings nicht mehr in einer Geschichte verwertet werden kann. Zu kurz die Einsicht. Danach: Niemand da. Das Unbekannte.

Sorgen

F: Andreas, ich bin sehr unglücklich zurzeit. Ich denke viel nach. Dieses ewige Sorgen machen bringt mich noch um. Was soll ich denn tun?

A: Lass sie Dich doch umbringen.

F: Nein, so habe ich das nicht gemeint.

A: Aber ich dachte, Du wolltest sterben. Das hast Du zumindest gesagt.

F: Ja, aber ich wollte, dass mein „Ich" stirbt.

A: Aber davon reden wir doch gerade.

F: Weißt Du, es ist so unangenehm.

A: Und?

F: Ich möchte das nicht fühlen. Wie gehst Du denn mit Gefühlen um?

A: Ich gehe nicht mit ihnen um. Gefühle sind kein Problem; sie sind Einheit selbst. Genauso wie Gedanken und psychologische

Funktionen. Aus der Sicht des scheinbaren Ich sind das getrennte Dinge, die potentiell gefährlich sind.

F: Was gefährden sie denn?

A: Das persönliche Glück. Die Erfahrung von Glücklich-Sein wird durch Gefühle bedroht. Und da Gefühle als etwas Getrenntes erlebt werden, muss das scheinbare Ich mit ihnen umgehen. Aus der Sicht des scheinbaren Ich sind sie etwas anderes als „Ich", etwas Fremdes. Als sogenannte schlechte Gefühle sind sie Feinde.

F: Aber ich habe Angst, darin unterzugehen.

A: Ja, das scheinbare Ich hat Angst, in der Intensität von Gefühlen – letztlich in der Intensität und der Totalität des Lebens – zu ertrinken. Deshalb kämpft es lieber noch ein bisschen herum und behält so – scheinbar – Oberwasser. Es überlebt im Kämpfen. Scheinbar natürlich.

F: Würdest Du dann raten, in die Gefühle hineinzugehen?

A: Naja, das scheint heilsamer zu sein als sie zu bekämpfen, allerdings ist auch da niemand, der das tun kann. Im Ende von „Ich bin" verpufft die Tendenz, Gefühle zu unterdrücken oder sie zu bekämpfen. Allerdings entspringt auch das „Hineinfühlen" einem Erleben von Trennung. Wie jede Methode erzeugt es ein Wohlgefühl – das unangenehme Gefühl scheint sich im bewussten Fühlen aufzulösen, und eine Art stiller Frieden kann erscheinen. Manche sagen dann: „Dieser stille Frieden bist Du". Im Endeffekt handelt es sich dabei aber doch um eine friedliche Erfahrung, die auch wieder endet. Da das scheinbare Ich das Erleben hat, dieses Wohlgefühl persönlich herbeigeführt zu haben, wird diese stille Erfahrung zum neuen Ziel und das Hineinfühlen zur neuen Methode proklamiert. Das ist nicht falsch, bleibt aber im Erleben von Trennung.

F: Ist dann alles, was ich mache, sinnlos?

A: Der Traum ist, dass Du etwas Eigenes bist. Es ist alles sinnlos in Bezug auf persönliche Erfüllung, was allerdings die Grundlage jeder persönlichen Motivation ist. Das scheinbare Ich sucht nicht Stille um der Stille willen, sondern um sie zu erfahren und dadurch eine bessere Erfahrung zu erschaffen. Alles, was das scheinbare Ich glaubt zu tun oder zu lassen, ist, um etwas zu erreichen. Es vermutet in jedem scheinbaren Erreichen einen Beitrag zu seiner Erfüllung. Das ist der Traum. Du machst gar nichts. Du bist nicht mal das, was Du glaubst zu sein.

F: Hm.

A: Das scheinbare Ich lebt in einem ständigen „Das kann es noch nicht sein". So gesehen lehnt es jeden Moment ab als das, was er ist: stimmig, absolut stimmig. Für das scheinbare Ich ist es aber „Da fehlt noch was".

F: Du hast gerade gesagt, dass das Ich im Kämpfen überlebt.

A: Ja, das stimmt. „Ich bin" scheint zu überleben im Aktivsein, im scheinbaren Wirken und im scheinbaren Erleben seiner Resultate. Es bestätigt sich quasi ständig und in allem in seinem Sein. Dazu, dass es selbst, seine Arbeit sowie seine Erfolge und Misserfolge illusionär sind und nicht benötigt werden, hat es keinen Zugang. Es dreht sich ständig im Kreis seiner eigenen, irrealen Welt. Es dreht sich ständig um sich selbst, also um etwas, das so gar nicht existiert.

F: Das ist wirklich abgefahren. Mein ganzes Leben ist ungefähr so.

A: Ja, so lebt „Ich bin". Sein ganzes Leben lang. Arbeiten bis zum Schluss.

F: Papaji meinte so etwas wie „Bewusstsein bis zum letzten Atemzug".

A: Ich habe keine Ahnung, was er damit gemeint hat. Bewusstsein geschieht scheinbar – und doch ist es illusionär. Dass „ich" bewusst tun muss, ist der Traum. Dass „ich" bewusst mitbekommen, erleben, beobachten, aufpassen muss, ist der Traum. „Ich bin" ist der Traum. Insofern widerspricht das dem, was hier gesagt wird, total.

31

F: Wenn Du sagst: „So lebt ‚Ich bin‘ ", dann hat es doch keine Wahl, oder?

A: Das ist natürlich eine Geschichte. „Ich bin" hat kein eigenes Leben. Es ist Einheit, die erscheint als das Erleben von „Ich bin".

Mühelos

F: Andreas, oft hört man, dass man sich immer wieder an die wahre Natur erinnern müsste. Aufpassen, dass man nicht vom Weg abkommt und so weiter. Wie ist das bei dir?

A: Diese Ideen entspringen einem persönlichen Erleben. Es ist das scheinbare Ich, das sich als etwas Getrenntes erlebt.

F: Es hört sich total mühevoll an. Tust Du nichts, um „da" zu bleiben?

A: Nein, denn da ist niemand. Es ist völlig mühelos. Es ist keine persönliche Mühelosigkeit, kein Zustand der Mühelosigkeit. „Was scheinbar passiert" passiert völlig mühelos. Niemand macht es, niemand kümmert sich darum und niemand erhält es aufrecht. „Was ist" bedarf keiner Anstrengung, um zu sein, was es ist und wie es ist. Es erscheint auch mühelos als mühevolles Arbeiten. Es sind ihm keine Grenzen gesetzt. (lacht)

F: Woher kommen denn all diese Ideen?

A: Sie kommen aus einem persönlichen Erleben. Die Person erlebt sich auf einem Weg – und da sie ständig daran scheitert, die perfekte Erfahrung zu erzeugen oder sie aufrecht zu erhalten, hat sie den Eindruck, dass sie lernen müsste, ständig achtsam zu sein oder nicht vom Weg abzukommen. „Ich bin" ist das „Vom-Weg-Abkommen" – nicht wirklich natürlich, aber das Erleben, „nicht ganz zu sein", ist Teil des Erlebens, „jemand" zu sein, einschließlich der Annahme, dass dieses Erleben von Unbefriedigt-Sein durch persönlichen Einsatz zu verringern oder aufzulösen ist.

Neurosen

F: Bist Du jetzt glücklicher?

A: Glücklicher – weiß ich nicht. Ich bin Glück selbst, was aber nicht zwingend eine Erfahrung von Glück bedeutet. Aber weniger neurotisch wahrscheinlich.

F: Weniger neurotisch?

A: Ja, keine Handlung (oder Nicht-Handlung) ist mit der Suche verbunden, darin Erfüllung zu finden. Nichts ist verbunden mit dem persönlichen Verlangen, darin etwas zu finden. Auch Andreas muss nicht besser werden, damit ich die absolute Erfahrung erreiche. Damit verpuffen alle möglichen Neurosen rund um die Person. Es müssen nicht alle sein, aber bei mir waren es doch einige.

F: Das ist doch jetzt ein Vorteil.

A: Jein; es wäre einer, wenn ihn jemand erleben würde, aber so ist es einfach das, was scheinbar geschieht.

Nichts tun

F: Andreas, ich finde es so niederschmetternd, dass ich nichts tun kann.

A: Ja, das glaube ich. Es ist allerdings nicht ganz das, was gesagt wird. Es gibt niemand, der tun oder lassen kann, bzw. Tun und

Lassen erscheinen. Allerdings haben sie keine Relevanz für Befreiung, denn sie sind bereits Freiheit.

F: Ich fühle mich so hilflos darin.

A: „Ich bin" ist hilflos. Es scheitert an seiner Suche nach Einheit. Da diese Suche, einschließlich der Not, illusionär ist, ist Hilfe überflüssig. „Ich bin bedürftig und brauche Hilfe" ist der Traum. Hilfe erscheint – oder nicht. Um-Hilfe-Bitten erscheint – oder nicht. Es spielt keine Rolle. Es gibt niemand, der sich darum kümmert, was Du tust oder nicht tust. Es gibt niemand, der an Dir etwas auszusetzen hätte. Da ist niemand.

F: Aber wie passt das zu diesem „Ich kann nicht", das mich schon so lange begleitet?

A: „Ich kann nicht" ist das Gegenstück von „Ich kann". Beide sind Teil des Erlebens von „Ich bin", das sich sowohl als Täter wie auch als Opfer erleben kann. „Ich bin" erlebt sich als Opfer der Umstände, glaubt sie jedoch bis zu einem gewissen Grad beeinflussen zu können bzw. innerhalb dieser Umstände agieren zu können. Dieses gesamte Setup ist illusionär. „Ich bin" ist illusionär. Es gibt kein Zentrum. „Ich kann nicht" ist daher ebenso eine Geschichte wie es „Ich kann" ist. Es gibt weder einen Täter noch ein Opfer.

F: Aber haben nicht beide Rollen eine enorme Bedeutung in der Spiritualität?

A: Ja, je nach spiritueller Überzeugung wird dem scheinbaren Ich geraten, das absolute Opfer bzw. der absolute Erlebende oder Beobachter zu werden, oder dass es lernen könne, der absolute Täter zu sein.
Ersteres baut auf der Überzeugung auf, „alles nur geschehen zu lassen". Das funktioniert in der Regel so lange gut, wie es auch einigermaßen gut läuft. Läuft es nämlich schräg, geschieht Eingreifen, was für das scheinbare Ich bedeutet: „Ich habe eingegriffen" – womit es an seiner Überzeugung scheitert.
Das Bild des absoluten Täters ist das Bild des Schöpfers: „Ich bin der Schöpfer meiner Realität." „Ich bin" erfährt sich gerne als Täter,

allerdings auch nur so lange, wie es scheinbar gut läuft. Läuft es nämlich scheiße, heißt das für das scheinbare Ich: „Ich habe versagt", und es scheitert so an seiner Vorgabe bzw. seiner Überzeugung. All das ist illusionär. Es gibt keine reale Instanz „Ich bin", die bewusst entscheiden kann. Da ist niemand. Es gibt weder ein Opfer noch einen Erfahrenden. Niemand muss und kann absolut „geschehen lassen" – auch wenn „Ich bin" phasenweise in der Illusion dessen lebt; was dann allerdings auch das ist, was scheinbar geschieht. Niemand kann und muss seine Realität gestalten. Es gibt nämlich weder jemand noch seine Realität.

Wahres Selbst

F: Sprichst Du immer zu Deinem wahren Selbst?

A: Auf eine Art könnte man das so sagen, allerdings gibt es kein wahres Selbst. Es gibt überhaupt kein Selbst, keinen wahren Wesenskern. Das wahre Selbst ist nicht zu finden, denn es existiert nicht. Es gibt eben nichts, das als etwas Wahres existiert und gefunden werden könnte. Zum Finden benötigt man eben einen wahren Finder und etwas, das real gefunden werden kann. Beides existiert aber nicht.

F: Wie würdest Du das dann beschreiben?

A: Sprechen erscheint und Hören erscheint. „Beides" ist das, was scheinbar passiert. Das Sprechen benötigt kein Gehört-Werden und das Hören benötigt kein Verständnis. Das ist das Wunder.

F: Aber Gehört-Werden und Verstehen erscheint doch auch?

A: Ja, schon, aber sie sind keine Realitäten, die andere Realitäten vervollkommnen.

Aussteigen

F: Ich würde so gerne aus der Suche aussteigen.

A: Aber da ist niemand. Da ist niemand – keine eigenständige Instanz, die dazu in der Lage wäre. Dass Du Dich erlebst, ist das, was scheinbar passiert. Wohin willst Du denn aussteigen?

F: Weiß ich auch nicht – in die Erleuchtung vielleicht?

A: Naja, wahrscheinlich. (lacht)
Das scheinbare Ich erlebt das, was scheinbar passiert, in Trennung und dadurch als ungenügend. Und so lebt es in dem Traum, ins Zweite, z.B. in den nächsten Moment oder in ein erleuchtetes Bewusstsein, erwachen zu können. Da ist aber gar nichts.

F: Ja, ich möchte wirklich aus dem hier erwachen.

A: Ja, in etwas, das gar nicht existiert. Was passiert, ist alles.

F: Das finde ich aber ganz schön wenig.

A: Ja, im Erleben des scheinbaren Ich ist es zu wenig. Für das scheinbare Ich ist das keine falsche Idee oder Konditionierung. Es erlebt es als ungenügend, ganz einfach deshalb, weil es nur erlebt. Eigentlich erlebt es etwas, einen Teil, der so gar nicht existiert. Und es erlebt von einem Zentrum aus, das so nicht existiert.

F: Ich möchte raus da.

A: Du bist gar nicht drin.

F: Was ist denn dann der Ausweg?

A: Es gibt keinen.

Bewusstsein

A: Bewusstsein ist der Traum. „Ich bin" ist sich seiner selbst sowie der scheinbar getrennten Außenwelt als etwas Eigenem bewusst. So ist Bewusstsein das energetische Setup von Trennung. Das ist die – energetisch als real erlebte – Subjekt-Objekt-Realität.

F: „Alles, was erscheint, erscheint im Bewusstsein", sagen manche spirituelle Lehrer.

A: Natürlich könnte man das so sagen, beschreibt aber eigentlich eher das persönliche Erleben: „Für mich geschieht nur das, was ich erfahre. So gesehen geschieht alles, was geschieht, in Bewusstsein."

F: Manche sagen dann auch, dass Bewusstsein die einzige Konstante ist, während sich das, was erscheint, ständig verändert.

A: Auch das beschreibt eher das persönliche Erleben: „Hier bin ich" als real existierende Instanz und: „Dort ist das, was ich erfahre", was sich ständig verändert. Wie gesagt, Bewusstsein ist illusionär. Es gibt kein Bewusstsein als eine reale Instanz – im Traum von „Ich bin" allerdings ist es alles. Im Traum von „Ich bin" gibt es nur mich selbst, quasi den Ausgangspunkt von Bewusstsein, und das, dessen ich mir bewusst bin. Alles, was darüber hinausgeht, ist für das scheinbare Ich nicht existent. Das, was Bewusstsein ist, wird vom Bewusstsein nicht erlebt.

F: Das ist für viele bestimmt ein Angriff.

A: Ja, das kann sein. Spirituelle Lehren spielen innerhalb des Setups von Bewusstsein. Aus der Sicht von „Ich bin" ist es alles, was es hat: Bewusstsein über seine Existenz, bzw. es ist sich einer Existenz, also dessen, dass etwas existiert, bewusst. Mehr kennt es nicht. Da sich fast alle Menschen als „jemand" erleben, finden auch die meisten Angebote – einschließlich der spirituellen – innerhalb des Setups von Bewusstsein statt.

F: Du sagst manchmal „Bewusstsein" und „Gewahrsein". Benutzt Du die Worte synonym?

A: Jein. Bewusstsein und Gewahrsein sind Trennung. Scheinbar natürlich. Gewahrsein scheint mir etwas feiner und unpersönlicher zu sein. Während Bewusstsein relativ persönlich erlebt wird, bleibt Gewahrsein doch sehr unpersönlich. Es ist die reinste Form des Erlebens – und wird daher von manchen als höchstes Ziel gelehrt. Doch auch da findet im Erleben Trennung statt. Scheinbar natürlich. Es ist ohne persönliche Geschichte und kann daher sehr befreiend wirken; wie gesagt, es ist reine Präsenz, ein Gefühl der reinen Anwesenheit. Allerdings wird sie erlebt als „hier", also als zentriert. Diese Präsenz, dieses erste „Hier-Sein" ist bereits Trennung. Unpersönliches Gewahrsein im endlosen Raum.

F: „Du bist dieses Gewahrsein" hört man ja oft.

A: Ja, und dass man durch Achtsamkeit immer wieder dahin zurückkehren soll und kann, wenn einem das Leben zu stressig wird. Das ist eine astreine persönliche Lehre, die jemand anspricht, der nicht existiert, um etwas zu erreichen, das auch nicht existiert. Gewahrsein hat keine eigene Realität, und derjenige, der zu ihr zurückkehren soll, ist der Traum.

F: Ja, das habe ich jahrelang praktiziert.

A: Es ist eine der gängigsten spirituellen Lehren: man könne durch Achtsamkeit seinen Fokus vom Relativen auf das Absolute richten, von den Gedanken auf die Gefühle, von der Geschichte ins Gewahrsein zurückkehren. Da es immer wieder vom Absoluten ins Relative, von den Gefühlen in die Gedanken, vom Gewahrsein in die Zerstreuung zurückgeht, bleibt es ein Kreislauf ohne Ende. Es existiert eben weder etwas Absolutes in Abgrenzung zu etwas Relativem noch das reine Gewahrsein in Abgrenzung zum persönlichen Erleben in der Geschichte. Beides „bleiben" Erfahrungen innerhalb des scheinbar getrennten Erlebens. Beide bleiben unbefriedigend und benötigen einen permanent Arbeitenden. Das ist Spiritualität.

Abwesenheit

A: Eine Sache kann sich das scheinbare Ich nicht vorstellen: Abwesenheit. Das Einzige, das es kennt, ist Anwesenheit. Es besteht nur daraus, scheinbar anwesend zu sein bzw. sich als eine reale Anwesenheit zu erfahren. Aus dieser Anwesenheit spannt sich die Geschichte, die ganze künstliche Realität des Erfahrens auf. Dort gibt es Zeit und Raum, Sinn und Bedeutung, Ursache und Wirkung sowie das Erleben eines Wegs und die Idee eines Ziels. Innerhalb dieses Konstrukts sind der Vorstellungskraft kaum Grenzen gesetzt. Abwesenheit jedoch ist für das scheinbare Ich unvorstellbar. Wie es ist, nicht zu sein, weiß es nicht, denn sein ganzes Leben lang war es ja – scheinbar. Dazu, dass diese Anwesenheit weder real noch kontinuierlich ist, hat es keinen Zugang.

F: Ist denn das „Ich" nicht kontinuierlich?

A: Kontinuität ist Teil des Erlebens, „jemand" zu sein. Sobald „Ich bin" erscheint, erscheint auch das Erleben, „immer" bzw. seit der Geburt, anwesend zu sein. Auch dieses Erleben ist unmittelbar. Naja, eigentlich zeitlos. Es gibt weder ein „Ich" noch ein scheinbares Ich, das als eine eigene Realität existiert.

F: Und gibt es dann ein verbundenes Ich?

A: So würde ich es nicht sagen. Zusammen mit „Ich bin" verpufft das Setup von „Ich erlebe etwas". Da bleibt dann auch nichts Verbundenes übrig. Wenn etwas verbunden ist, ist es immer noch getrennt. Es verpufft das Erleben von Trennung, das allerdings nicht ersetzt wird durch ein verbundenes Erleben. „Ich bin" wird ersatzlos gestrichen.

Akzeptanz

F: Man könnte das, wovon Du sprichst, auch totale Akzeptanz nennen.

A: Ja, auf eine Art ist es so, allerdings für und von niemand. Das Erleben von Trennung wird nicht ersetzt durch ein Erleben der Verbundenheit – und so wird das Erleben von Widerstand nicht ersetzt durch ein Erleben von Akzeptanz. Was ist, braucht keine Akzeptanz, um zu sein, wie und was es ist. Natürlich könnte man das Akzeptanz nennen.

Beziehungen

F: Wie ist es denn mit Beziehungen? Wie funktioniert das denn, wenn da niemand ist?

A: Es funktioniert nicht.

F: Was heißt „Es funktioniert nicht"?

A: Es gibt keine Beziehung. Beziehung ist Teil des Traumes von „Ich bin". Da ist „Ich" eine eigenständige Instanz, die sich auf eine andere, getrennte Instanz beziehen kann. Das ist Trennung. Wenn da niemand ist, findet dieses ganze energetische Setup nicht statt. Was bleibt, ist das, was scheinbar passiert. Und das können zwei Menschen sein, die sich scheinbar aufeinander beziehen.

F: Aber Du funktionierst doch recht gut?

A: Das ist der Traum. Ja, Andreas scheint zu funktionieren, aber eigentlich ist es das pure Wunder. Es ist Einheit, die erscheint als ein mehr oder weniger gut funktionierender Andreas. Es gibt weder einen realen Andreas noch ein reales Funktionieren – es ist das, was scheinbar passiert, ohne Grund allerdings.

F: Das ist wirklich toll.

A: Ja, ein Wunder.

Kein Erleben

F: Neulich habe ich bei einem spirituellen Meister gelesen, dass er niemand kenne, der nicht mehr erfährt, und dass er nicht glaube, dass das möglich und erstrebenswert wäre.

A: Ja, das ist sogar sehr wahrscheinlich – es gibt nämlich gar nicht so viele davon. Und die, die nicht mehr sind, besuchen ihn wahrscheinlich auch nicht. Für viele ist das Ende von „Ich bin" einfach unvorstellbar, auch für sogenannte scheinbare Lehrer. Natürlich wäre auch denkbar, dass er nicht genau weiß, wie es gemeint ist.

F: Es sagt aber auch, dass das „Ich" nicht real ist.

A: Ja, das ist gut möglich. Viele spirituelle Lehrer sagen das. Wahrscheinlich ist, dass sie einen oder mehrere Einblicke hatten oder haben. Weil aber auch jemand um diese Einblicke und Einsichten herumtanzt, ist das tatsächliche Ende unbekannt. Erstrebenswert ist das Ende von „Ich bin" natürlich nicht. Auch wenn es Befreiung ist, für wen sollte es erstrebenswert sein?? Da es für ihn aber erstrebenswert sein sollte, nehme ich an, dass er von einem Zustand spricht, einer Einsicht, etwas, das er scheinbar hatte und aufgrund dessen er nun lehrt. Ich nehme an, dass er einen Weg und/oder Methoden lehrt.

F: Ja, das tut er. Er lehrt Selbsterforschung.

A: Aha. Wahrscheinlich tut er das in der Hoffnung und der Annahme, dass auch Du herausfinden könntest, was er herausgefunden hat – nämlich dass da gar niemand ist, zum Beispiel.

F: Hm. Wie geht denn das zusammen?

A: Im Prinzip ganz einfach. Man hat Einsichten und Einblicke in die illusionäre Natur von „Ich bin", überlebt diese und lebt dann mit diesen Einsichten weiter. Manches wird scheinbar sogar leichter – es scheint nun einen tatsächlichen Zugang zu geben. Da dieser aber auch immer wieder verschwindet bzw. „Ich bin" immer wieder erscheint, wird auch weiter daran gearbeitet – Selbsterforschung betrieben, Achtsamkeit geübt, losgelassen oder was-weiß-ich getan. Das ist nicht falsch! Es ist das, was scheinbar passiert. Und doch ist es ein scheinbares Spiel innerhalb des Erlebens von Trennung. Diese Botschaft ist keine spirituelle Botschaft.

F: So viele sagen, dass alles eins ist und dass da niemand ist.

A: Ja, fast alle spirituellen und sogar esoterischen Angebote tun das. Den Satz „Da ist nur Einheit" liest man überall, und dann kommt das große „Aber". Genau das ist ja das Spannende: Diese Botschaft ist der Kern aller spirituellen und esoterischen Lehren, aber solange da jemand herumtanzt, wird es zur Religion, zur Lehre, zum Konzept, zu etwas Persönlichem. Einheit wird zu etwas, das noch nicht ist, aber von jemandem erreicht werden kann. Die Mischung aus Einblick und Person schafft Spiritualität. Da sehr viele einen oder mehrere Einblicke hatten, sehr wenige aber tatsächlich verpufft sind, gibt es wahnsinnig viel Literatur zu Spiritualität, aber nur relativ wenig Literatur zu dieser Botschaft. Es gibt sie, aber nicht in der Häufigkeit wie persönliche Botschaften. Aber wie gesagt, der Kern scheint diese Botschaft zu sein, wenn auch missverstanden.

Bewusstseins-Erweiterung

F: Ich weiß, dass es eine Geschichte ist, aber ich frage es trotzdem: Was hältst Du denn von der Idee des Bewusstseins-Sprungs, bzw. glaubst Du auch, dass wir Menschen immer bewusster werden? Wenn es jetzt nur Menschen ohne „Ich" geben würde, wäre die Welt dann friedlicher?

A: Wahrscheinlich wäre das sogar so – allerdings, und das ist das Wichtige, nicht weil so viele Menschen bewusster wären, sondern einfach weil niemand mehr da wäre, der wahnhaft sein Glück in verschiedenen Dingen und Zuständen sucht. Wie gesagt, ich habe keine Ahnung – abgesehen davon, dass es absolut hypothetisch ist, wäre es zumindest eine scheinbare Möglichkeit. An ein „Immer-bewusster"-Werden glaube ich allerdings weniger. Bewusstsein selbst ist illusionär – und so wäre es dann auch die Bewusstseinserweiterung. Wobei ich tatsächlich bei „Erweiterung" schon schmunzeln muss; Bewusstseinsveränderung finde ich da schon angebrachter, die aber natürlich illusionär ist.

Diese ganze Idee findet statt in dem Erleben, dass „jemand" existiert, der bewusster werden kann und dann gemäß seines Bewusstseins entscheiden und handeln kann. Genau das ist der Traum: dass „Ich bin" bewusster werden könnte, um sich in ein reales „besser" zu entwickeln.

Abgesehen davon habe ich den Eindruck, dass dieses sogenannte erweiterte Bewusstsein sich auf einige Themenbereiche fokussiert – bewusst in der Beziehung, bewusst in der Mülltrennung – wobei die meisten anderen scheinbaren Bereiche vernachlässigt werden. Bewusstsein ist eben scheinbar begrenzt bzw. illusionär. Es ist weder real noch nicht real, weder größer noch kleiner.

Dass „ich" wählen kann, weil „ich" weiß, ist der Traum. Da ist niemand. Wählen erscheint – was auch immer dann scheinbar gewählt wird.

Unbefriedigend

F: Sind es denn meine Gedanken, die mich so leiden lassen? Ich würde so gerne Ruhe haben vor meinen Gedanken. Lebst Du denn vor allem ohne Gedanken?

A: Das weiß ich nicht.

F: Du weißt das gar nicht?

A: Nein, ich weiß es nicht. Ich bin ja nicht dabei. Insofern würde ich das Erleben von Unbefriedigt-Sein nicht auf die Gedanken schieben, sondern auf den Denker. Das Dilemma des scheinbaren Ich ist, dass es seine Gedanken als etwas Eigenes und Reales erfährt. Es nimmt an, dass Gedanken eine eigene Wahrheit transportieren und leidet dann unter dieser Wahrheit. Der Versuch, dem entkommen zu wollen, ist zum Scheitern verurteilt.

F: Ich versuche ja schon, sie vorbeiziehen zu lassen.

A: Ja, das ist okay, ist aber eine Methode innerhalb des Erlebens von „Ich bin". In Abwesenheit von „Ich bin" sind Gedanken das, was scheinbar passiert und kein Problem. Sie sind nichts Getrenntes. Niemand muss mit ihnen umgehen.

F: Aber wie ist es dann für Dich?

A: Für mich? Ich habe keine Ahnung. Ich glaube, da ist einfach ein Monolog in meinem Kopf, aber es gibt keinen Dialog.

F: Denkst Du auch manchmal nach?

A: Nachdenken wäre zu viel gesagt. „Ohne Ich" ist zwar „denken", allerdings kein „nachdenken". Niemand sucht in seinen Gedanken nach einer Lösung. Niemand erfährt seine Gedanken und sucht darin etwas für sich. Gleichwohl sind sie das, was scheinbar passiert.

Unschuld

A: Das, was ist, ist alles. Es gibt nichts Zweites dazu – kein Bewusstsein, keinen Gott, kein Ich, keine Instanz, die das, was scheinbar passiert, beeinflusst, lenkt, manipuliert. Es ist absolut unschuldig. Sitzen auf Stühlen ist völlig unschuldig das, was es ist. Niemand macht es, niemand manipuliert es und niemand erfährt es.

F: Ist es unbedingt?

A: Ja, es ist unbedingt.

F: Ist auch Befreiung unbedingt?

A: Ja, Befreiung ist unbedingt. Es müssen keine Bedingungen erfüllt werden.

F: Ich habe so oft gehört, dass man still werden müsste.

A: Selbst wenn es so wäre, wer sollte das tun? Dein Tod hat nichts mit Dir zu tun. Wenn Du stiller wirst, wirst Du scheinbar stiller. Wenn Du scheinbar bewusster wirst, wirst Du scheinbar bewusster. Nichts von dem ist von Bedeutung und nichts von dem hat eine Verbindung zu Deinem Ende. Aber eines ist sicher: Solange da scheinbar „jemand" arbeitet, solange ist da „jemand". Das ist weder richtig noch falsch noch real, aber das ist dann, was scheinbar geschieht. Neulich habe ich irgendwo gelesen, dass man nichts tun kann, um zu erwachen, aber dass man einiges dafür tun kann, es geschehen zu lassen. Was für ein Witz! Wer ist da? Wer sollte etwas tun? Wofür? Es gibt weder ein reales „Ich" noch eine reale Befreiung.

F: Es gibt also keine Befreiung?

A: Nein, gibt es nicht. Das ganze Setup aus „Ich bin" ist illusionär. Befreiung ist das Ende davon; eigentlich das Ende von etwas, das es nie gegeben hat. Die einzige Voraussetzung ist, dass sie scheinbar geschieht.

F: Geschieht denn Befreiung?

A: Nein, eben nicht. So illusionär „Ich bin" ist, so illusionär ist es auch dessen Ende. Befreiung ist illusionär.

F: Was ist denn dann der Unterschied zwischen uns?

A: Das weiß ich nicht. Ich sehe keinen.

F: Aber ich sehe einen.

A: Dann ist das der Unterschied: dass Du einen Unterschied siehst und ich nicht. Da beides das ist, was scheinbar geschieht, ist dieser Unterschied illusionär. Einheit erscheint als Du und Einheit erscheint als Andreas. Der Unterschied ist illusionär.

F: Was heißt denn „illusionär"? Gibt es nun einen Unterschied zwischen uns oder nicht?

A: Keinen realen zumindest. Für den Erfahrenden sind wir zwei reale, unterschiedliche Dinge. Das ist der Traum. Wir zwei sind keine zwei.

F: Sind wir eins?

A: Wenn man so will. Eher keines. Nicht-etwas. Manche würden sagen nicht-zwei. Ungetrennt.

F: Verbunden?

A: Nein, wir sind nicht verbunden. Es gibt uns zwei nicht als getrennte Dinge. Es ist niemand hier. „Verbunden" wäre immer noch getrennt. Nur Dinge können verbunden sein, aber es gibt weder reale Dinge noch Trennung.

Botschaft

F: Andreas, hast Du eine Botschaft?

A: Nein, habe ich nicht. Ich habe keine Lehre. Es gibt kein „richtig"
oder „falsch", keinen Weg und nichts zu verwirklichen. Allerdings ist
das eben nichts Persönliches. Diese Sätze sind nicht zu verwirklichen
– was hier gesagt wird, ist bereits zu hundert Prozent verwirklicht.

F: Aber Du weist doch auf etwas hin, oder?

A: Nein, eigentlich mache ich nicht mal das. Wie könnte ich auf
etwas hinweisen, das gar nicht in dem Sinne existiert, wie es
vermutet wird? Es gibt nichts zu entdecken. Es gibt kein reales
„Aha".

F: Es gibt kein „Aha"?

A: Es kann eines erscheinen, muss aber nicht. Ich selbst hatte keines.

F: Wie würdest Du denn beschreiben, was Dir passiert ist?

A: Das kann ich nicht. Es ist mir nicht passiert. Als Geschichte
würde ich sagen: Scheinbar existierte ein Sucher „Andreas", doch
anstatt zu finden, ging er unterwegs verloren. Scheinbar zurück blieb
eine Hülle, die weiter funktioniert.

F: Eine Hülle, sagst Du?

A: Naja, das ist eine Geschichte. Es bleibt gar nichts übrig, weil auch
diese Hülle keine eigenständige Realität hat. Aber gut...

F: Was kannst Du noch zur Hülle sagen?

A: Diese scheinbare Hülle schließt Gedanken, Gefühle und
Emotionen, ein psychologisches Setup, Konditionierungen usw. mit
ein. Allerdings geschehen diese für niemand. Im Ende von „Ich bin"
verpufft derjenige, der sich als Zentrum dessen erlebt.

F: Aber auch das ist eine Geschichte, oder?

A: Ja, nichts davon ist real. (lacht)

Erst jetzt

F: Mensch Andreas, ich glaube, ich höre erst jetzt, was Du eigentlich sagst. Es geht ja wirklich um mich!

A: Ja, absolut. Befreiung ist das Ende des Erlebens, „jemand" zu sein. Es ist der Tod dieser Instanz „Ich bin", die nicht nur ein Gedanke, sondern innerhalb ihres Erlebens absolut wahr und echt ist. Dieses „Ich bin" wird sterben. Erst im Sterben wird offensichtlich, dass es diese Instanz nie wirklich gegeben hat und gar nichts sterben kann und muss. Das ist Befreiung. Nichts lebt, nichts stirbt, nichts verändert sich, und damit verändert sich alles. Für niemand allerdings.

F: Was bleibt denn dann übrig? Bewusstsein? Gewahrsein?

A: Nichts bleibt übrig, bzw. nicht-etwas bleibt übrig. Das, was scheinbar passiert, bleibt übrig. Werden Bewusstsein und Gewahrsein erlebt, sind sie schon Teil des Erlebens von Trennung. Zugegebenermaßen kaum als „Ich" zu bezeichnen, und doch beginnt mit Gewahrsein die scheinbare Anwesenheit und damit das Erleben von Trennung. Es ist sehr fein.

F: Ja, das stimmt. Ab da ist „etwas".

A: Ja, ab da gibt es Gewahrsein und mindestens einen Raum drum herum.

F: Ab da ruht Gewahrsein im unendlichen Raum. (lacht)

A: Ja, könnte man so sagen, obwohl es nie wirklich dort ruht. Höchstens für Momente. Denn da es bereits in Trennung passiert, ist es ein Zustand in Zeit mit einem Anfang und einem Ende. Früher oder später führt Gewahrsein ins Bewusstsein und dann ins „Ich bin". Das spirituelle „Ich bin" versucht dann durch Achtsamkeit wieder ins reine Gewahrsein zu kommen und dort zu ruhen. Ein sagenhaftes Spiel.

F: Und es führt nirgendwo hin?!

A: Es kann nirgendwo hinführen! Dieses ganze Setup ist illusionär. Diese ganze Bewegung ist illusionär. Ob reines Gewahrsein oder schmuddeliges „Ich bin" spielt dabei keine Rolle – es ist alles Teil des Traumes von Anwesenheit; des Traumes, dass „etwas" existiert. Das Dilemma des scheinbaren Ich ist, dass es glaubt, dass das Gewahrsein das Absolute ist und dass es lernen kann, dort zu verweilen. Das ist der Traum. Da es immer wieder scheitert, fühlt es sich immer wieder wie ein Versager. Weil es aber auch immer wieder scheinbare Erfolge hat, bleibt es am Üben und Probieren.

F: Warum sind es denn scheinbare Erfolge?

A: Erstens, weil da gar niemand ist, der das tut. Zweitens, weil im Gewahrsein zu ruhen auch unbefriedigend ist. Es scheint befreiend im Kontrast zu der engen und oft problembehafteten Realität des „Ich bin"-Erlebens, wird aber nach einiger Zeit schlichtweg langweilig. Dann geht es zurück ins Bewusstsein und ins „Ich bin"-Erleben.

F: Und das Ganze spielt in Trennung?

A: Ja, das vermeintlich absolute Gewahrsein bleibt vom vermeintlich relativen „Ich bin"-Erleben getrennt. „Ich bin" möchte dabei ins Gewahrsein erwachen, um ganz zu werden, während das Gewahrsein vor schierer Präsenz und Eintönigkeit zurück in die Lebendigkeit und die Zerstreuung des „Ich bin" strebt. Befreiung ist das Ende dieser aufgesetzten, künstlichen Realität. Sie ist die Verschmelzung des Absoluten mit dem Relativen zum Unbekannten.

F: Und ist da jetzt jemand?

A: Nein. Wo sollte da jemand sein? Das ist einfach das, was scheinbar passiert. Sowohl das Erleben von Trennung als auch das Ende davon. Beides ist Einheit. Niemand macht es. Niemand ist drin und niemand wird daraus befreit.

Ich bin DAS

F: Was hältst Du denn von dem Satz „Ich bin Das"?

A: Er sagt dasselbe wie „Da ist niemand".

F: Ich habe ihn nie verstanden und mir quasi die Zähne daran ausgebissen.

A: Das ging mir ähnlich. Er ist auch nicht zu verstehen, genauso wie „Da ist niemand" nicht verstanden werden kann. Das Dilemma ist, dass das scheinbare Ich versuchen könnte, dieses „Ich bin Das" zu werden. Es geht, wie bei allem, davon aus, dass es sich hierbei um eine persönliche Erfahrung handelt.

F: Ja, ich wollte es verstehen und es dadurch werden.

A: Befreiung ist das Ende von Trennung, insofern bin ich natürlich schon „Das" – was sollte ich sonst sein? Der Traum ist allerdings, dass es ein „Ich" gibt, das eine Erfahrung von „Das" macht.

F: Was denkst Du zu „Ich bin alles"?

A: Auch das könnte man so sagen. Da es keine Trennung gibt, gibt es kein Gegenüber, nichts Fremdes, nichts, das nicht ich bin. Aber auch hier liegt die Crux darin, dass es keine Erfahrung ist. Da ist eben niemand, der „Ich bin alles" erfahren kann, es gibt einfach nur Ungetrenntheit. Dasselbe gilt auch für den Satz „Ich bin nichts". Da ist kein Ich, was nichts sein könnte, aber was ist, ist nichts. Nichts im

Sinne von „nichts Bestimmtes". Was ist bzw. was scheinbar passiert, ist nichts Bestimmtes und gleichzeitig alles. Es gibt nichts anderes.

Echt

F: Wie kann ich herausfinden, ob Du echt bist?

A: Wieso sollte ausgerechnet ich echt sein?

F: Bist Du es nicht?

A: Nein, natürlich nicht. Es gibt mich nicht. Genauso wenig wie es Dich gibt.

F: Und diese Botschaft?

A: Gibt es auch nicht. Das scheinbare Ich wird niemals wissen, ob es mir vertrauen kann. Es wird niemals wissen, ob ich recht habe oder nicht. Diese Botschaft bleibt etwas, das es vielleicht versuchen kann zu glauben, aber es kann sie niemals wissen.

F: Aber wieso denn?

A: Weil sie nicht existiert! Es gibt keine Botschaft. Das Sprechen und Hören dieser Worte ist bereits Einheit bzw. ist bereits das, wovon gesprochen wird. Das Gesagte und Gehörte hat keinen Inhalt. Das ist aber das, was das scheinbare Ich vermutet und sucht.

F: Würdest Du sagen, dass alles leer ist?

A: Was ist, ist leer und voll. Es ist nichts und alles zugleich. „Nichts" im Sinne von „nichts Bestimmtes" und „alles", weil es alles ist und es nichts anderes gibt.

F: Ah, das ist interessant. Für mich war „alles" immer alles, woran ich denken konnte.

A: Ja, das ist „alles" für das scheinbare Ich. Nein, was scheinbar passiert, ist alles.

F: *Alles, was in meiner Wahrnehmung stattfindet?*

A: Nein, auch nicht. Es ist nicht wissbar, wahrnehmbar oder erlebbar. Es ist nicht mal ein „es". In seiner Wahrnehmung zu suchen, ist der Traum. Es ist das scheinbare Ich, das in seiner Wahrnehmung nach dem Absoluten sucht – und scheitert. In Wahrnehmung zu leben heißt, scheinbar getrennt zu sein und „nur" etwas zu erleben.

F: *Puuh, wie soll ich dann jemals...?*

A: Niemals. Es wird nicht geschehen. „Ich bin" wird niemals sehen. Es hat keine Chance.

Der Sinn

F: *Es ist wirklich schlimm für mich, dass es keinen Sinn geben soll. Für mich scheint dieser Sinn total wichtig zu sein.*

A: Ja, er ist Teil des Traumes.

F: *Macht das hier keinen Sinn?*

A: Nein, macht es nicht. Das ist alles, was es gibt. Wofür sollte es denn noch Sinn machen?

F: *Für meine Erleuchtung zum Beispiel.*

A: Aber die gibt es doch gar nicht. Sie ist Teil der Illusion, dass es Dich gibt, dass Du ein Leben hast, das Dich in eine Zukunft führt, in der Du erfüllt werden wirst. All das ist der Traum. Auf eine Art bist Du natürlich darauf angewiesen, dass Dein Hiersein Sinn macht: so macht es Dein Hiersein für Dich ganz. Du erlebst es als unstimmig und hoffst, dass es wenigstens sinnvoll ist. Sonst wäre es ja umsonst. Es ist umsonst. Für „Dich" wird es immer unstimmig sein, denn das Erleben von Unstimmigkeit ist Teil des Traumes von „Ich bin". Es lebt so. Es lebt in scheinbarer Unstimmigkeit, weil es nur erlebt. Dass dieses Leiden nicht einmal Sinn macht, ist für das scheinbare Ich nahezu unerträglich.

F: Allerdings. Da hast Du recht.

A: Es gibt gar nichts, wofür das, was ist, Sinn machen müsste. Es gibt kein Erwachen. Es gibt keine Welt, keinen Weltfrieden. Es gibt nur das, was scheinbar passiert. Das Wunder ist, dass es alles ist.

Nahtod

F: Vor langer Zeit hatte ich eine Nahtoderfahrung. Ich habe dabei wirklich das Licht gesehen. Es hatte etwas sehr Reines. Überall war Liebe und auf eine Art war ich auch diese Liebe. Irgendwann ging es dann zurück ins Leben. Was ist denn das für Dich?

A: Das, was scheinbar passiert. Und gleichzeitig eine scheinbare Erfahrung. Du warst die ganze Zeit über anwesend, gegen Ende nur noch als Gewahrsein, aber eben doch als Anwesenheit. In Bezug auf Befreiung hat es keine Bedeutung; Du hast es ja überlebt. (lacht)

F: Und wenn ich es nicht überlebt hätte?

A: Hätte es auch keine Bedeutung gehabt.

F: Aber Du hast recht: Ich war die ganze Zeit über da.

A: Deshalb heißt es auch „Nahtod-Erfahrung". Es ist „nur" nah am Tod und spielt in Zeit. Es ist etwas, das Du erlebst. Du erlebst einen Weg zum Tod, stehst kurz davor und kehrst wieder zurück zum

Alltagsbewusstsein. Das nennt man eine Erfahrung, wenn auch eine sehr eindrückliche.

F: Für mich war es gar nicht so besonders, aber ich habe mittlerweile einige getroffen, die es als sehr besonders erlebt haben und wieder dorthin zurück wollen.

A: Ja, wie gesagt, es hat etwas Reines, sehr Friedvolles. Reines Gewahrsein sozusagen. Das fühlt sich genau so an. Wundervoll.

F: Doch das ist nicht, wovon Du sprichst, oder?

A: Ja und nein. Natürlich ist auch das Einheit bzw. das, was scheinbar passiert. Gleichwohl spielt es innerhalb des Traumes von Gewahrsein. Wie gesagt, es ist eine Erfahrung in scheinbarer Trennung. Sehr transformierend unter Umständen, immerhin ist es eine Begegnung mit der eigenen Endlichkeit. Scheinbar natürlich.

Einfach

F: Man hört immer wieder, dass es so einfach sei. Mich setzt das allerdings sehr unter Druck, bzw. wenn es so einfach ist, warum verstehe ich es dann nicht?

A: Es ist überhaupt nicht einfach. Aus der Sicht des scheinbaren Ich ist es unmöglich. Es ist auch nicht sehr schwer, sondern tatsächlich unmöglich. Leicht ist es insofern, dass es bereits so ist, wie es hier dargestellt wird, aber es zu machen oder zu erreichen ist schlichtweg unmöglich. Es ist eben so, wie es ist – und ja, das mit einer unglaublichen Leichtigkeit; man könnte sagen, weil es „ungemacht" ist. Niemand macht das, was scheinbar passiert, niemand beeinflusst es und niemand manipuliert es. Das ist die Leichtigkeit.

F: Hm.

A: Das scheinbare Ich glaubt, dass es leicht zu machen sein sollte. Weil es aber permanent scheitert, denkt es, dass es sehr schwer ist. Aber wie gesagt, für das scheinbare Ich ist es unmöglich.

F: Wenn ich das nur endlich verstehen würde...

A: Siehst Du, es ist unmöglich.

Auf dem Weg bleiben

F: Viele spirituelle Lehrer betonen die Wichtigkeit des Weges nach dem Erwachen bzw. nach der Erleuchtung. Ganz viele sind am Heilen und Auflösen, Vertiefen usw... Es scheint total wichtig zu sein. Viele betonen auch, dass man das bewusst machen müsse. Was denkst Du darüber?

A: Vermutlich hatten sie einen oder mehrere Einblicke und das, was dann gesagt wird, resultiert aus ihrem derzeitigen persönlichen Erleben. Das scheint daraus zu bestehen, auf einem Weg zu sein. Es kann durchaus so sein, dass ein Einblick für Befreiung gehalten wird. Natürlich geht danach das Erleben eines Weges weiter, da das Erleben, „jemand" zu sein, zwar „unterbrochen" wurde – was energetisch sehr eindrücklich, ernüchternd und intensiv sein kann – es aber auch nicht erloschen ist. Im Traum des Überlebenden, der sich nun als „erwacht" erlebt, bleibt es natürlich wichtig, weiter an sich zu arbeiten. Ganz natürlicherweise ist das so, weil jetzt wieder jemand da ist, der das, was scheinbar passiert, erlebt und dadurch als ungenügend erfährt. Da es nun um persönliche Erleuchtung geht, scheint die Arbeit an sich nun von besonderer Bedeutung zu sein.

F: Das entspricht vielem, was heute unter „spiritueller Lehrer" läuft.

A: Ja, natürlich. Befreiung ist das Ende des Erlebens, „jemand" zu sein, aber das scheinbare Leben geht scheinbar weiter – so menschlich und unmenschlich wie es eben scheinbar weitergeht. Das

Ende von „Ich bin" ist kein Stillstand – und doch ist es das Ende des „bewusst" Agierenden und damit das Ende von dem- oder derjenigen, der/die sich auf einem Weg wähnt. Wieso sollte es denn nach dem Ende von „Ich bin" noch wichtiger sein, auf dem Weg zu bleiben, als vorher?! Diese Idee kommt aus einem Erleben von persönlicher Erleuchtung, das im Erleben gekennzeichnet ist von „Rückfällen" – „Ich bin" ist ja wieder da! – und der Notwendigkeit weiterer Übungen und Methoden. Während dieses scheinbaren Spiels wird aber auch an einen kruden Mix aus allerlei spirituellen Wahrheiten geglaubt. Da diese „Wahrheiten" und geglaubten Konzepte dem, was scheinbar passiert, nicht standhalten, findet auch immer wieder eine demütige Neuausrichtung der eigenen Überzeugungen statt. Auch daher rührt die Idee des „Dranbleibens" und die Vorstellung, man müsste bewusst darauf achten, nicht wieder einzuschlafen.

Die meisten – wenn nicht alle – sogenannten spirituellen Lehrer erleben sich einfach als „jemand". Es ist ganz natürlich, dass dem dann auch eine persönliche Botschaft entspringt, wie auch immer diese geartet ist.

Es gibt keinen Weg. Was nach der Befreiung passiert, hat keine Bedeutung, genauso wenig, wie es vorher von Bedeutung war.

F: Aber denkst Du nicht, dass diese Lehrer zumindest Einblicke hatten?

A: Doch, natürlich. Und doch haben sie diese Einblicke überlebt. Deshalb gibt es eine Lehre. Eine Lehre mit „richtig" und „falsch", einem Weg, einem Ziel und einem/einer, der/die bewusst tun oder lassen kann. Einige dieser Ziele sind z.B. „bewusst zu vertiefen", „bewusst Traumata zu heilen" oder einfach „nicht wieder einzuschlafen". All diese Dinge erscheinen aus einem persönlichen Erleben heraus. Natürlich geschieht scheinbare Vertiefung, natürlich können Traumata geheilt werden. Und doch spielt es weder eine Rolle, ob und wie das erscheint, noch ist da jemand, der das bewusst tun könnte und/oder müsste. Erlebtes Bewusstsein ist der Traum. Es ist das scheinbare Ich, das in persönlichem Bewusstsein lebt – quasi sich selbst und die Welt erlebt und kennt. Das ist der Traum.

F: Gibt es denn unpersönliches Bewusstsein?

A: So gesehen ist Bewusstsein immer unpersönlich. Niemand hat es, allerdings besteht es eben nur daraus, scheinbar bewusst zu sein. Bewusstsein ist aber illusionär und keine reale Instanz. So gesehen ist Bewusstsein der Traum – allerdings ein Traum, aus dem niemand erwacht. „Ich" hat nämlich kein Bewusstsein, aus dem es zum Realen erwachen könnte, „Ich bin" und Bewusstsein sind eins. Stirbt „Ich bin", stirbt das, was in Bewusstsein lebt.

F: Mein Lehrer hat mir stets geraten, bewusst zu bleiben.

A: Was er Dir damit geraten hat, ist, getrennt zu bleiben. „Du sollst bewusst sein" heißt, dass Du anwesend bleiben sollst und dass Du wählen kannst, „bewusst" zu sein – im Gegensatz zu unbewusst und verträumt. Das ist der Traum und gleichzeitig die Hölle, denn um die Illusion, „bewusst zu sein", aufrecht zu erhalten, zumindest in Ansätzen, benötigt es ein dauerndes Arbeiten daran. Und während „Ich bin" ständig versucht, „bewusst" zu sein, übersieht es die Irrelevanz und die Unnötigkeit seiner Anstrengungen, die nichts anderes sind als zum Scheitern verurteilt. Das Dilemma ist, dass das Scheitern den Geschmack des persönlichen Versagens hinterlässt. „Ich bin" bleibt also zurück mit einem „Ich bin noch nicht gut genug", was wiederum zu weiterem Suchen führt. Und genauso führt „Suchen" eben nicht zu „Finden", sondern zum Aufrechterhalten der Suche. Was für ein Witz. Im persönlichen Lehrer-Schüler-Spiel wird jedoch genau das unterstützt: Die Notwendigkeit der Suche und des „Dranbleibens".

Trauma, Prozesse

F: Andreas, gibt es bei Dir noch Prozesse wie z.B. Traumata und/oder Heilung?

A: Ja, die gibt es. Allerdings nicht für mich. Auch hier könnte man sagen, dass es das ist, was scheinbar passiert. Nichts ist falsch daran, nichts muss beschleunigt oder beendet werden. Das scheinbare Ich vermutet Erfüllung z.b. in der Heilung von Traumata bzw. in der Heilung aller Traumata. Ich weiß nicht, ob das überhaupt möglich ist, aber abgesehen davon haben Traumata nur bedingt etwas mit Befreiung zu tun. Befreiung ist der Tod des Erlebenden; da spielt es keine Rolle, was der scheinbar Erlebende erlebt hat. Allerdings scheint es in Befreiung eine Tendenz dahingehend zu geben, dass ungünstige Verhaltensweisen, die das scheinbare Ich als Überlebensstrategien aufrechterhalten haben, nicht mehr unterstützt werden und dadurch langsam abebben. Mein Eindruck ist, dass das viel langsamer geschieht, als es das scheinbare Ich annimmt. Befreiung ist so gesehen eben eine zutiefst gewöhnliche Angelegenheit und gerade nicht der Knall, ab dem in der Geschichte alles gut ist.

F: Was ist Befreiung?

A: Befreiung ist das Ende des Erlebens, „jemand" zu sein, und damit das Ende allen Erlebens. Was bleibt, ist Leben selbst, das aber letztendlich ungekannt ist. Es ist kein „Etwas". Die Überraschung ist, dass gar niemand lebt, der sterben kann. Das wird offensichtlich im Sterben, im letzten Ausatmen sozusagen.

F: Und die Prozesse enden nicht damit?

A: Naja, was endet, ist das Erleben von Prozessen als etwas Realem. Es gibt keine Prozesse in dem Sinn, wie es das scheinbare Ich erfährt. Auch Prozesse sind das Unbekannte, das erscheint als das – und in dem Sinn eben nicht als reale Prozesse erlebt wird. Für das scheinbare Ich ist ein innerer Prozess etwas Reales. Er ist ein reales Geschehen, das nicht Vollkommenheit ist, aber in deren Richtung geht. Es ist eine Entwicklung, in der Regel zum Besseren. Das allerdings ist der Traum. Es gibt kein „besser" und „schlechter" und es gibt keine Entwicklung. Es gibt gar kein reales Geschehen. In Befreiung ist einfach niemand, der damit in einer Geschichte lebt. Außerdem ist da niemand, der z.B. Heilung forcieren kann und sich durch Heilung ein reales „besser" erhofft.

F: Aber Du wünschst Dir doch auch Dinge oder streitest mit Deiner Freundin.

A: Ja, das ist, was scheinbar passiert. Aber es ist niemand darin. Das macht es nicht besser oder schlechter, ist aber einfach so. Wenn es einen scheinbar Erlebenden gibt, für den ist es real. Der sitzt in der Situation und erfährt sie als etwas Reales. Und weil er sie erfährt, bleibt sie getrennt und unvollkommen.

F: Was würdest Du also raten?

A: Ich würde den Tod raten. Das Problem dabei ist, dass gar niemand lebt. Ich habe also keinen Ratschlag.

Chancen

F: Es sieht ja so aus, als ob Befreiung zurzeit immer häufiger geschieht.

A: Naja, irgendwie scheint es durchaus so zu sein, gleichwohl sehe ich jetzt auch nicht an allen Ecken das Ich verpuffen. Es ist nach wie vor eher selten.

F: Das heißt, dass die Chancen für mich eher schlecht stehen.

A: Keine Ahnung. Es gibt keine Bedingung, die Du erfüllen musst. Trennung ist illusionär; nichts wird eins werden. Allerdings ist Trennung Einheit, die als Trennung erscheint. Insofern gibt es auch keinen Grund, nicht als Trennung zu erscheinen.

F: Na super, jetzt stehe ich da wie vorher.

A: Ja, „Ich bin" steht immer „da wie vorher". Alle Erfolge, jedes Erleben von persönlicher Entwicklung, sind illusionär. Alle Misserfolge übrigens auch. Im Zurückgeworfen-Sein steht „Ich bin" immer am Anfang, an seinem Grund-Dilemma sozusagen: seiner Anwesenheit. „Hier stehe ich und will... etwas. Befreiung, Erlösung, Erleuchtung, Ankommen, Ruhe, Frieden. Irgendetwas." Da kommt „Ich bin" nicht raus, und davon entwickelt es sich auch nicht weg. Das ist sein Dilemma.

F: Was ist sein Dilemma?

A: Sich nur als real erleben zu können, aber real und irreal zu sein. Das ist sein unlösbares Dilemma.

F: Es ist tatsächlich unlösbar.

A: Ja, ist es. Es ist unlösbar, weil es nicht real ist. Da „Ich bin" illusionär ist, gibt es auch kein reales Dilemma.

F: Das ist wirklich ein Wunder.

Fokus

F: Andreas, manche Lehrer schlagen vor, dass man den Fokus weg vom Verstand auf die Gefühle oder den unendlichen Raum richten soll bzw. dass man diese eine Wahlmöglichkeit hat und so aus den Geschichten aussteigen kann.

A: Das kann scheinbar geschehen, ist aber Teil der Geschichte von „Ich bin". Es ist das scheinbare Ich, das überhaupt erst in Fokus lebt. Es lebt in Aufmerksamkeit, die es zwar fokussieren oder zerstreuen kann, aber es bleibt in Aufmerksamkeit. „Ich bin" ist das Zentrum, von dem aus sich die Aufmerksamkeit auf verschiedene Objekte richtet.

F: Das kann doch eine große Hilfe sein, oder?

A: Eben, es ist eine Hilfe – und hat mit dieser Botschaft nichts zu tun. Natürlich kann es für das scheinbare Ich angenehm sein, die Aufmerksamkeit vom Verstand auf die Gefühle oder etwas zu richten. Es verlässt dabei seine Geschichte und die kreisenden Gedanken; zumindest für eine Weile. Es ist wie eine kleine Verschnaufpause und wirkt deshalb angenehm. Das ist nicht schlecht, hat aber mit dem Ende von Trennung nichts zu tun.

F: Und die Aufmerksamkeit ganz weit werden zu lassen?

A: Bleibt genauso in Trennung. Was bleibt, ist „jemand", der für eine Weile im unendlich weiten Raum sitzt und dort ausruht. Die spirituelle Praxis ist dann, immer wieder in diesen Raum zurück zu kehren. Die Idee ist, dass man, wenn man das jederzeit willentlich tun kann, erleuchtet ist. Man hört das ja auch von Lehrern: „Immer, wenn es Dir schlecht geht, geh einfach in diesen unendlichen, unberührten Raum und ruhe dort". Der Raum ist natürlich insofern unberührt, als dass dort keine Geschichten laufen, allerdings wird er aber auch von demjenigen, der scheinbar darin verweilt, als etwas erfahren. Mit Befreiung hat das nichts zu tun, bleibt es doch innerhalb des Setups von „Ich" und „Erfahrung". Ganz abgesehen davon, dass noch nie jemand da geblieben ist.

Seinszustand

F: Bist Du immer in diesem Seinszustand?

A: Es ist kein Zustand, aber ja, da ist nur Sein. Allerdings ist dieses „Sein" nicht so, wie dieses scheinbare Ich sich das vorstellt. Dieser Körper, diese scheinbare Person, lebt und verhält sich so, wie sie es schon immer getan hat. Sie ist nervös, wenn sie nervös ist, und sie ist entspannt, wenn sie entspannt ist. Allerdings ist da niemand, der die ganze Zeit neben herläuft und sich das anschaut. Niemand, der beobachtet und das, was passiert, erlebt. Niemand, der in Geschichten lebt, Probleme sieht und Lösungen sucht. Niemand, der die ganze Zeit mit sich Zwiesprache hält und einen permanenten Dialog mit sich führt. Diese ganze künstliche Identität, dieser Traum, „jemand" zu sein, existiert nicht. Und was dann ist, ist einfach, was dann ist. Und das ist Sein.

F: Es heißt, dass mit der Befreiung alle Vorstellungen verloren gehen.

A: Ja, alle Vorstellungen gehen verloren, sogar die, dass alle Vorstellungen verloren gehen. (lacht)
Weißt Du, ich bin einfach, wie ich bin, aber so zu sein, wie man ist, kann man nicht tun. Das geschieht von alleine. Niemand muss und niemand kann das tun. Das scheinbare Ich fühlt sich getrennt und unbefriedigt. Es sucht eine Ursache dafür, und eine dieser scheinbaren Ursachen kann z.B. die Annahme sein, die eigene Persönlichkeit oder das eigene Verhalten, das als unzulänglich bewertet wird, sei die Ursache für das Unbefriedigtsein. So kann das scheinbare Ich versuchen, das Verhalten zu kontrollieren und an der Persönlichkeit zu arbeiten. Die größte Angst des scheinbaren Ich ist, sich selbst nicht erleben zu können. Und damit jegliche Kontrolle zu verlieren. Nicht eingreifen und lenken zu können, wenn sich dieser Körper scheinbar daneben benimmt. Nicht zu wissen, was kommt und keine Kontrolle zu haben, das ist für das scheinbare Ich die Hölle.
Ich habe keine Kontrolle darüber, wie ich mich verhalte. Ob ich mich bewusst genug verhalte, keinen Vorstellungen hinterherrenne, ob ich

nett oder spirituell genug bin. Ich habe keine Ahnung, ob mein Leben den Bach runter geht und ich wegen ein paar unglücklichen Entscheidungen unter einer Brücke oder mitten in der Sahara, ohne Wasservorrat, ende. Aber da ist niemand. Niemand, der eine Wahl hat und niemand, der weiß. Deshalb ist es leicht.

F: Und Dein ganzer spiritueller Weg?

A: Hat mich nirgendwo hingeführt. Oder er hat mich hierher geführt. Wie auch immer, genauer wäre es zu sagen, dass es ihn nie gab. Dass es mich nie gab. Auf einem Weg zu sein war noch nie die Realität. Scheinbar auf einem Weg zu sein ist bereits Einheit. Ist bereits „Das". Und die Vorstellung, auf einem Weg zu sein, war schon immer eine Vorstellung und nie die Realität.

F: Was ist denn Realität?

A: Das. Das, was erscheint. Es ist nicht-etwas, aber das könnte man als Realität bezeichnen.

F: Manchmal sagst Du, dass bestimmte Sachen „nur eine Erscheinung sind". Oder dass es „nur Das" gibt? Wieso „nur"? Negierst Du damit nicht etwas ganz Wichtiges, nämlich das Relative, das Menschliche?

A: Nein, da gibt es nichts zu negieren. Was erscheint, ist es! Da ist nichts anderes. Was auf eine Art negiert bzw. als Traumwelt entlarvt wird, ist die Geschichte, in der das scheinbare Ich lebt. Das scheinbare Ich hält das, was passiert, für sehr bedeutend, denn aus seiner Sicht geschieht es ihm und ist real. Ohne Ich ist das, was geschieht, real und irreal und verliert seine Bedeutung. Bedeutung findet immer in einem Kontext von Zeit und von „richtig" und „falsch" statt. Ohne Zeit und damit ohne Ziel kann es keine Bedeutung geben. Deshalb könnte man sagen, dass es „nur" erscheint. Weil die Geschichte, bzw. die Interpretation dessen, was erscheint, keine Bedeutung hat, erscheint es eben „nur". Aber natürlich ist das, was erscheint, alles. Da ist 100% das, was geschieht. Gibt es Schmerz, ist da 100% Schmerz. Das fühlt sich so an und sieht auch so aus. Das ist Einheit. Da gibt es nichts zu negieren. Genauso wenig wie „leben in einer Traumwelt" negiert werden kann. Erzählt mir scheinbar jemand, dass er sich und mich (als etwas) wahrnimmt, kann ich das nur bejahen. Auch das ist, was erscheint. Aber trotzdem bleibt es eine Traumwelt.

F: Ist es wieder das scheinbare Ich, das sich solche Sätze schnappt?

A: Ja, natürlich. Es versucht damit, besser mit dem Leben klarzukommen. So nach dem Motto: „Ah, ich muss mich gar nicht stressen, es ist nur eine Erscheinung." Oder es glaubt, sich damit nicht mit sich, seinem Leben oder seinen Gefühlen auseinandersetzen zu müssen, weil sie anscheinend „nur" erscheinen. Es ist eine neue Methode des scheinbaren Ich: diese Worte zu benutzen, um der Intensität des Lebens zu entgehen und sich selbst zu belügen. Es nimmt sich alles.

F: Könnte man also sagen, dass es darum geht, 100%ig zu leben, aber alles nicht so ernst zu nehmen?

A: Jein, denn da ist niemand, der das tun kann. Es ist eher eine Beschreibung. Wenn da niemand mehr ist, wird das, was vorher als getrennt erfahren wurde, eins. Dann sind es automatisch 100%. Dann geht nicht „jemand" die Straße hinunter, sondern da ist nur „die Straße hinuntergehen". Dann ist „die Straße hinuntergehen" alles. Alles, was geschieht und völlig absolut. Interessanterweise ist erst ohne Trennung offensichtlich, dass „die Straße hinuntergehen" real und irreal ist.

F: Es ist also nicht zu machen.

A: Ja, denn da ist niemand. Ohne Ich ist auch offensichtlich, dass es kein Ich gibt und nie eines gegeben hat. Nirgendwo. Und dass scheinbar „jemand" zu sein und in einer Traumwelt zu leben auch 100%ig das ist, was erscheint und auch real und irreal ist. Auch scheinbar „jemand" sein sind 100%. Nur, dass das von dem scheinbaren „jemand" nicht so erfahren wird, denn der ist ja scheinbar „jemand" und lebt in der Traumwelt der scheinbaren Trennung.

Tiefschlaf

F: Andreas, gibt es einen Unterschied zwischen Tiefschlaf und Wachbewusstsein?

A: Nicht wirklich. Aber wenn Du von Wachbewusstsein sprichst, verstehe ich darunter den Traum. „Ich bin" erlebt sich tagsüber als wach und bewusst.

F: Und bei dir?

A: Ist niemand wach. Da gehen morgens nur die Augen auf, aber es gibt niemand, der mit aufwacht. Für die meisten Menschen wacht morgens „jemand" auf und früher oder später bin „ich mit meiner ganzen Geschichte" da. Dann weiß „ich", wer ich bin, was ich zu tun habe und wo es hingeht. Jeden Morgen erwacht das Bewusstsein – und „ich" ist da. Außer da ist niemand, dann gibt es nichts mehr, das zusätzlich zum Augenöffnen erwacht.

F: Manche sagen ja, dass Befreiung wie Tiefschlaf ist. Was denkst Du darüber?

A: Auf eine Art könnte man das sagen, denn im Tiefschlaf gibt es keinen Erlebenden. Das entspricht natürlich der Befreiung. Allerdings, wenn niemand da ist, endet Befreiung eben nicht mit dem Aufwachen am Morgen.

F: Ja, morgens weiß ich manchmal echt nicht, wer ich bin. Da kann ich dann regelrecht beobachten, wie sich das Ich wieder zusammenbaut.

A: Ja, im Prinzip bist Du schon kurz vor dem Zusammenbauen wieder da. Bei manchen geht das recht schnell und bei manchen dauert es eine Weile. Irgendwann erscheint ein feines Gewahrsein – nahezu unbemerkt – aber das ist das erste Erleben von Anwesenheit. Da beginnt das Spiel von Trennung.

F: Ich hatte schon die Idee, beobachten zu wollen, wann das „Ich"
erscheint. Natürlich um zu verhindern, dass es zurückkommt und
sich seine Geschichte baut.

A: Ja, aber wer will das bemerken? Diese Idee, „Ich bin" verhindern
zu können – und zu sollen – kommt bereits aus dem Erleben von
Anwesenheit. Sie kommt bereits aus einem Gewahrsein. Niemand tut
„Ich bin". Niemand macht dieses Gewahrsein. Diese Anwesenheit ist
illusionär und weder machbar noch verhinderbar. Dass diese
Anwesenheit, ob nun Gewahrsein, Bewusstsein oder volle Kanne
„Ich bin", real ist, ist der Traum.

F: Was ist denn nun der Unterschied zwischen Tiefschlaf und
tagsüber. Erlebst Du einen Unterschied?

A: Nein, tue ich nicht. Aber nicht, weil ich beides als gleich erlebe,
sondern weil es keinen Erlebenden gibt. Es ist das Unbekannte, das
erscheint als Tiefschlaf und als „tagsüber sein". Beides ist das, was
es scheinbar ist, aber für niemand.

F: Befreiung ist also nicht Tiefschlaf?

A: Wenn Befreiung Tiefschlaf wäre, wäre es ein Zustand. Das
Einzige, das darauf hindeutet, ist die Abwesenheit des Erlebenden.
So gesehen ist Befreiung Tiefschlaf – der ewige Schlaf des bis dato
Wachen. Allerdings: Der Erlebende ist illusionär. Wachbewusstsein
ist illusionär und somit ist es auch dessen Ende. So gesehen gibt es
keine Befreiung als einen realen Zustand.

F: Und als irrealen Zustand?

A: Was soll denn das sein, ein irrealer Zustand?! Anwesenheit ist
illusionär, wie könnte es dann eine reale Befreiung davon geben? Es
ist einfach unmöglich.

Alles ist leer 2

F: Soll ich denn aufhören, Dinge zu benennen? Im Zen wird das ja öfters geraten, gerade im Zusammenhang mit Leerheit.

A: Nein, hier ist keine Empfehlung dazu. Benennen erscheint – auch in Befreiung. Das Dilemma des scheinbaren Ich ist, dass es mit Benennungen in Realität lebt. D.h. auch hier erwartet es einen eigenständigen Inhalt, nämlich dass dieser Benennung, die auch leer ist, eine eigenständige Wahrheit innewohnt. Das ist der Traum. Der Traum einer eigenständigen Wahrheit wird natürlich genährt bzw. ist Teil des „Ich bin"-Erlebens. Innerhalb dieser scheinbaren Subjekt-Objekt-Realität werden Dinge einfach als Dinge erlebt, wahrgenommen, erfahren. Das ist nicht falsch, aber eben eine künstliche Realität, die theoretisch (und auch ganz praktisch) jederzeit kollabieren kann. Sollte dies geschehen, wird zum ersten Mal offensichtlich, dass nichts über eine eigenständige Realität verfügt, einschließlich des Sehens dessen.

Dissoziation

F: Gibt es denn einen Unterschied zwischen dem, was Du erzählst und Dissoziation? Für mich hört sich das schon sehr ähnlich an, aber irgendwie auch nicht. Bist Du einfach nur dissoziiert?

A: Dissoziation ist ein psychologischer Mechanismus, der innerhalb der Geschichte stattfindet. Im Prinzip handelt es sich dabei um einen Zustand innerhalb des persönliches Erlebens, auch wenn das so gar nicht mehr wirklich erlebt wird bzw. gesagt werden kann.

F: Viele sagen ja, dass Sie sich selbst nicht mehr spüren und ihnen alles irreal erscheint.

A: Ja, aber genau das wird erfahren. Dissoziation ist die scheinbare Reaktion auf ein traumatisches Erlebnis. Es ist eine Funktion, könnte man sagen. Das Ich spaltet sich in seinem Erleben so weit ab, dass es sich gar nicht mehr wahrnimmt. Was bleibt ist ein Erleben von Leere, Irrealität und Sinnlosigkeit. Auf den ersten Blick mag das ähnlich klingen – zumindest in Teilen – aber genau das ist es nicht. In Dissoziation werden Leere, Irrealität und Sinnlosigkeit erlebt. Dieser Zustand der Dissoziation ist dann das, was als real erlebt wird bzw. die Aspekte davon. Es gibt keine Verbindung zu dem, was hier gesagt wird, auch wenn sich manche Worte auf den ersten Blick ähneln.

F: Aber reden darüber nicht auch viele spirituelle Sucher?

A: Ja, das könnte man sogar sagen. „Ich bin" ist sozusagen dissoziiert. Es erlebt sich als getrennt. Selbsterforschung, Achtsamkeit und der neutrale Beobachter führen zu einer Art zusätzlicher, künstlich herbeigeführter Dissoziation. Bei den Meisten geschieht dies nicht im Ausmaß einer psychologischen Erkrankung, aber eben doch abgespalten. Was bleibt, ist ein Erleben von Leere. Manche fühlen sich regelrecht tot.

F: Aber das sagst Du doch auch ab und zu.

A: Nein, das sage ich nicht. Ich sage nicht, dass ich mich tot fühle. Ich sage nicht, dass ich alles als leer erfahre. Ich erfahre keine Sinnlosigkeit. Hier ist niemand, der erfährt. Befreiung – um dieses Wort zu nehmen – ist unbeschreiblich, gerade weil es weder ein Zustand noch ein Erleben ist. Der Dissoziierte erlebt Irrealität als eine reale Erfahrung. Befreiung ist das scheinbare Ende des energetischen Setups aus „Ich erfahre etwas". Beides ist das, was scheinbar geschieht.

Tot oder lebendig

F: Wenn Du davon redest, dass das hier leer ist, hat das für mich etwas Bedrohliches. Es fühlt sich an wie tot.

A: Ja, aus der Sicht des scheinbaren Ich ist es das auch. Es vermutet in allem eine eigenständige Realität. Das macht die Dinge greifbar. Ohne diesen Inhalt verschwimmt alles und wird ungreifbar.

F: Ja, völlig. Was hat es mit dem Tod auf sich?

A: Leer ist inhaltslos. Für das scheinbare Ich ist das „tot".

F: Ist es denn tot?

A: Auf eine Art ja. Das Ende von realen Inhalten ist das Ende von realen Dingen. Es ist das Ende von Realität an sich. So gesehen ist es tot.

F: Manchmal sagst Du aber auch, dass es absolut lebendig ist.

A: Es ist beides – oder nichts von beidem. Grad, wie Du magst. „Sitzen auf Stühlen" ist und ist nicht. Es ist real und irreal, könnte man auch sagen. „Ist und ist nicht" ist „lebendig und tot".

F: Das ist ja irre.

A: Ja. Scheinbar. Eigentlich ist es die natürliche Realität. Anwesenheit, Existenz, Schöpfung sind illusionär. Sie sind und sie sind nicht. Weder jetzt noch ewig. Weder etwas noch nichts. Das ist das Wunder.

F: Ja, das ist es. Sagenhaft. Vielen Dank dafür.

Reinkarnation

F: Gibt es denn Reinkarnation? Lebt das Bewusstsein nach dem Tod des Körpers weiter?

A: Nein, es gibt keine Reinkarnation, ganz einfach deshalb, weil diese Instanz, die sich als lebend erfährt, illusionär ist.

F: Könnte man denn fragen, ob Reinkarnation erscheint?

A: Fragen kann man das natürlich, allerdings wird es darauf keine befriedigende Antwort geben. Diese Frage ist in Bezug auf diese Botschaft auch irrelevant. Sie sucht in einer Realität nach einer Wahrheit, die so gar nicht existiert. Sie fragt nach einer Zukunft, die es gar nicht gibt.

F: Für mich ist das aber schon wichtig.

A: Ja, für das Ich kann diese Frage wichtig sein. Aber es gibt Dich eben nicht. Im Erleben von „Ich bin" ist die Annahme, dass es einen realen Ablauf in Zeit gibt, dass es zeitliche und räumliche Ausdehnung gibt. Das ist der Traum: Es gibt keinen Ablauf in Zeit. Es gibt keine Vergangenheit, kein Jetzt und keine Zukunft. Was zukünftig passiert, spielt insofern keine Rolle, dass es nie wirklich geschehen wird. Dieser Lebende ist illusionär.

F: Was hältst Du denn von Nahtoderfahrungen?

A: Es sind Erfahrungen. Sie finden statt in Bewusstsein, d.h. sie finden statt innerhalb des Erlebens von „Ich bin".

F: Ja, aber es gibt Fälle, in denen der Körper bereits klinisch tot war.

A: Okay, das kann ja sein. Allerdings kann offensichtlich nur davon berichtet werden, wenn der Körper eben nicht ganz tot war. Und im Erleben war da einfach immer noch „jemand". Ich selbst hatte keine Nahtoderfahrung im klassischen Sinn, aber alle Menschen, die ich getroffen habe und die mir davon berichteten, bestätigten meine Annahme: Sie waren die ganze Zeit dabei, waren eventuell kurz davor, zu sterben, sind aber wieder zurückgekommen. Alles geschah innerhalb des persönlichen Erlebens. Offensichtlich war auch der Körper nicht so tot, dass er nicht wieder funktionstüchtig wurde. Es gibt einfach niemanden, der berichten kann, wie es nach dem Tod ist. Bei keinem aller Nahtoderlebnisse hat das letzte Ausatmen stattgefunden – bildlich wie körperlich. Alles blieb innerhalb von Gewahrsein – dem Erleben, dass „etwas" anwesend war: helles Licht, reines Gewahrsein, was auch immer. Und wie gesagt, auch körperlich hat das letzte Ausatmen nicht stattgefunden.

F: Es gab den Fall eines Arztes, der sieben Tage lang klinisch tot war.

A: Naja, fast tot. Er war vielleicht hirntot oder so etwas Ähnliches, aber er hing noch an Schläuchen und der Körper hat bis zu einem Grad funktioniert. Auch er war also nicht ganz tot.

F: Und Befreiung? Bist Du nicht gestorben?

A: Doch, wenn man so will, bin ich das.

F: Und wie ist es bei dir?

A: Ich habe keine Ahnung. Es gibt kein „bei mir". Ich bin nicht zurückgekehrt.

F: Was hältst Du von den Berichten und Erinnerungen aus früheren Leben?

A: Sie sind das, was scheinbar passiert. Aber wie jede Erinnerung haben auch sie keine Realität. Sie transportieren keine eigene Wahrheit. Im Grunde spielt es keine Rolle, wie weit die Erinnerungen zurückgehen. Nichts davon ist wirklich passiert. Ich hatte auch Einblicke in frühere Leben. Ist die Vergangenheit deshalb real? Natürlich nicht.

F: Die Buddhisten beschreiben die Zeit zwischen den Leben recht gut, glaube ich.

A: Damit kenne ich mich nicht aus. Sind es reine Annahmen oder Erlebnisberichte?

F: Hm, das weiß ich wiederum nicht.

A: Und? Weißt Du jetzt mehr?

F: Nicht wirklich.

A: Deine Anwesenheit ist illusionär. Dein scheinbarer Tod wird kommen – ob im jetzigen Leben oder irgendwann in 200 Leben. Es spielt keine Rolle. Nichts davon ist real. „Was ist" ist das, was scheinbar passiert. Das ist alles. Wo nichts lebt, kann auch nichts sterben, geschweige denn wiedergeboren werden.

F: Könnte Dein Ich denn nicht auch wiederkommen?

A: Nein, kann es nicht. Es gibt oder gab nie so etwas wie „mein Ich". Ich wüsste gar nicht, was wiederkommen sollte. Weißt Du, wenn es vorbei ist, ist es vorbei.

F: Aber Du sagst doch immer, dass theoretisch alles möglich ist; damit müsste doch auch das Wiederkommen des Ich möglich sein.

A: Wie gesagt, es ist nicht logisch. Das Ende von „Ich bin" ist der Tod von etwas, das nie existiert hat. Im Sterben – beim letzten Ausatmen sozusagen – wird offensichtlich, dass gar nichts lebt. Es existiert gar nichts, das sterben kann. Und wo nichts gestorben ist, kann auch nichts zurückkommen. Das ist das Wunder.

Nur geschehen lassen

F: Ich versuche verzweifelt, die Dinge geschehen zu lassen, aber es gelingt mir einfach nicht. Ständig muss ich dann doch eingreifen.

A: Warum willst Du denn „die Dinge geschehen lassen"? Da ist niemand, der das tun kann und muss. Es ist eine Vorstellung, nämlich die Vorstellung des scheinbaren Ich, der erleuchtete Zuschauer zu werden, der ganz gönnerhaft „nur noch geschehen" lässt. Abgesehen davon, dass es niemand aufrechterhalten kann, ist es auch nur solange angenehm, wie das Leben gut läuft. Läuft es mal nicht so gut, wird das Ich entweder zum Opfer oder ganz schnell zum Täter.

F: Ja, das stimmt. (lacht)

A: Das scheinbare Ich erfährt sich als beides: Als Erfahrender ist es Opfer der Umstände bzw. der Situation; allerdings glaubt das Ich, bis zu einem gewissen Grad auch Handelnder zu sein und, innerhalb der gesetzten Umstände, tätig werden zu können. Das ist dann in etwa so: „Es ist zwar blöd, aber ich versuche das Beste daraus zu machen." Was für ein Witz. (lacht)

F: Und Du? Wie handhabst Du das?

A: Ich handhabe nichts. Hier ist niemand, der dem Leben als etwas Getrenntem gegenüber steht. Ich habe keine Einstellung zum Leben, da es weder mich noch das Leben als eigenständige Realitäten gibt.

F: Du lässt das Leben nicht einfach geschehen?

A: Nein; wie sollte das denn gehen? Wer sollte das tun? Welches Leben? Wozu? Es ist die Idee des scheinbaren Ich, das glaubt, dass das der richtige Umgang bzw. Weg sein könnte. Was für ein Witz.

F: Aber ich kann doch nichts tun, um zu erwachen?

A: Ja, das stimmt. Du kannst aber auch nicht nichts tun. Es gibt Dich nun mal nicht als eine eigenständige, getrennte Instanz. Tun und lassen erscheint – beides hat keine Bedeutung. Der Traum ist, dass Du sowohl das Eine als auch das andere tust und dass Dich sowohl das Eine als auch das andere einem Ziel näher bringt. „Ich bin" ist illusionär, und damit auch der ganze Rattenschwanz, den es scheinbar nach sich zieht.

Ewig

F: Ist das Universum unendlich und ewig?

A: Es gibt kein Universum, genauso wenig wie es Raum und Zeit gibt. Insofern spreche ich eher von raum- und zeitlos. Es gibt kein Erleben von Ausdehnung – weder zeitlich noch räumlich.

F: Ich spüre manchmal eine Weite.

A: Das ist eine Erfahrung.

F: Wieso?

A: Du erfährst sie doch.

F: Ja, das stimmt.

A: „Ich bin" kann Enge oder Weite erfahren – je nachdem, wie der Fokus ist. Beides kann angenehm oder unangenehm sein, aber es bleibt innerhalb des Setups von „Ich bin" und hat mit dem, wovon hier gesprochen wird, nichts zu tun. Egal, wie weit oder wie fokussiert Deine Erfahrung ist, sie bleibt eine Erfahrung und damit innerhalb des Erlebens von Trennung. Leben in Ausrichtung und Fokus ist Leben in scheinbarer Trennung. „Ich bin" richtet seinen Fokus auf das scheinbar Zweite. Das ist Trennung – und gleichzeitig die künstlich aufgesetzte Realität. „Ich bin" macht eben nichts weiter als in dieser seiner Realität zu leben. Es erfährt eine Weite, die nicht existiert. Und natürlich erfährt es mit sich selbst ein Zentrum, das genauso wenig existiert.

F: Das ist wirklich verrückt. Das habe ich so noch nie gehört. Überall hört man ja, dass das Ich nicht real ist, aber so habe ich das noch nie gehört. Aber wieso denn jetzt „künstlich aufgesetzt"?

A: Naja, natürlich gibt es keine „künstlich aufgesetzte Realität", denn genau das ist ja der Traum: dass „Ich bin" existiert. Aber da „Ich bin" gar keine eigene Instanz ist, gibt es auch keine künstliche Realität. Es gibt nur das, was ist. Das ist die natürliche Realität – die einzige Realität, die es gibt.

Liebe

F: Ich spüre eine feine Traurigkeit. Immer wenn es um Liebe und Nähe geht, spüre ich diese Traurigkeit.

A: Die Illusion ist, dass Du getrennt von ihr bist. Die Illusion ist, dass Du etwas Eigenes bist; eine Person, die getrennt ist von Liebe.

F: Ich habe so eine Sehnsucht.

A: Ja, diese Sehnsucht ist Teil des Traumes, getrennt zu sein. Es ist die Sehnsucht des Lebens nach sich selbst. Und doch: Es gibt keine Trennung. „Ich bin" ist illusionär. So gesehen bist Du bereits Liebe, genau so, wie Du bist. Allerdings gibt es niemand, der das erfährt.

F: Das ist aber schade. (lacht)

A: Liebe braucht eben keine Erfahrung von sich selbst, um Liebe zu sein. „Was ist" braucht keine Erfahrung von sich selbst, um so zu sein, wie es ist. Das ist die Freude.

F: Und eine Leichtigkeit.

A: Ja, „was ist" ist völlig frei. Es stellt keine Bedingungen – es muss weder frei noch begrenzt, weder gut noch schlecht, weder erleuchtet noch unerleuchtet sein. Das ist die Freiheit. Es kann das sein, was es ist. Es braucht noch nicht einmal eine Erfahrung von sich selbst.

F: Ist denn darin Bewusstsein?

A: Jein. Es gibt darin kein getrenntes Bewusstsein, aber man könnte sagen, Einheit erscheint als Bewusstsein. Gleichwohl ist das eben keine eigene Instanz, sondern einfach das, was scheinbar passiert. Bewusstsein und Gewahrsein sind illusionär und damit Einheit selbst. Im Traum von „Ich bin" sind Bewusstsein und Gewahrsein reale Instanzen, die „ich bin". Nur in Bewusstsein und nur in Gewahrsein zu leben heißt, sich als „etwas" zu erleben. Genau das ist der Traum: sich als etwas zu erleben, das gar nicht als etwas existiert – es gibt nämlich keine realen Instanzen „Bewusstsein" oder „Gewahrsein".

Morgens

F: Ich habe eine Frage. Ich versuche manchmal morgens gewahr zu sein, bevor das Ich erwacht. Manchmal kann ich dann regelrecht beobachten, wie es sich zusammensetzt. Doch dann kann ich nichts dagegen tun und kurzerhand bin ich wieder ganz da.

A: Ja, das stimmt. Allerdings bist Du schon vorher wach. Sobald das Gewahrsein erwacht, erwacht jemand. D.h. derjenige, der sich als das beobachtende Gewahrsein erlebt, ist bereits geboren. Danach kannst Du nur noch zuschauen, wie sich langsam die Identität samt Geschichte zusammensetzt.

F: Aber ich kann da gar nichts tun.

A: Nein, natürlich nicht. Das Erscheinen von Gewahrsein ist das, was scheinbar geschieht. Niemand wählt zu erscheinen. Es ist Einheit selbst, die erscheint als Gewahrsein bzw. als Trennung.

F: Das Erscheinen von Gewahrsein... Hm?

A: Natürlich erscheint da nicht wirklich etwas – es ist ein scheinbares Erscheinen. Dieses Gewahrsein ist eben gar nichts Getrenntes. Es erscheint nicht wirklich.

F: Ja, dieses „Erscheinen" habe ich, so glaube ich, missverstanden.

A: Das kann sein. Mit „erscheinen" meine ich nicht einen realen Prozess des Erscheinens. Das wäre dann ein Schöpfungsakt, ein reales Kommen und Gehen. Aber da kommt und geht nichts. Nichts erscheint. Was ist, ist nicht-etwas, das erscheint als das, was scheinbar passiert. Was ist, ist real und irreal, aber da ist kein Erleben eines Kommens und Gehens.

F: Manche sagen doch, dass Dinge nicht real sind, weil sie kommen und gehen.

A: Ja, aber es gibt gar keine Dinge, die kommen und gehen können. Das Erleben von Kommen und Gehen entspringt einem persönlichen Erleben. In der zeitlichen Erfahrung von „Ich bin" kommen Zustände und Erfahrungen und sie gehen wieder. Ein scheinbar weiser Mensch könnte aus seiner Erfahrung schließen, dass man, um glücklich zu sein, nicht an Vergänglichem hängen sollte. Das könnte man Weisheit nennen, es entspringt aber einer persönlichen Erfahrung. Es gibt kein Kommen und Gehen. Es gibt keine Dinge und keinen realen Ablauf in Zeit. Das, was passiert, ist real und irreal, während es scheinbar passiert. Nichts wird geschöpft. Nichts erscheint. Das ist die Überraschung: Nichts existiert als „etwas", was so viel heißt wie: Es gibt keine Schöpfung.

F: Wow.

A: Ja, absolut.

Vorherbestimmt

F: Manche Lehrer behaupten, dass alles vorherbestimmt ist.

A: Wie kann es Vorherbestimmung geben, wenn es gar keinen Ablauf in Zeit gibt?

F: Hm.

A: Es ist bereits eine Interpretation des scheinbaren Ich. Ja, das, was scheinbar passiert, ist absolut bestimmt, so zu sein, wie es ist. Wobei sich „bestimmt" schon sehr bedeutungsvoll anhört. Es ist einfach so, wie es ist. Ohne Grund. Packt man das nun in eine Geschichte, kann man daraus auch eine Geschichte von Bestimmung basteln. Was ist, ist zeitlos. Weder vorherbestimmt noch zufällig, weder fließend noch stillstehend. Wer möchte sich auf dieser Vorherbestimmung in Sicherheit wiegen? Nichts ist sicher. Ja, was ist, ist. Darüber hinaus gibt es nichts zu sagen.

Stimmigkeit

F: Warum gibt es denn Trennung?

A: Es gibt sie nicht.

F: Warum gibt es denn das „Ich"-Erleben?

A: Es gibt kein „Ich"-Erleben. „Ich bin" ist nicht real, und es war nie real. Es ist Einheit, die erscheint als das Erleben, „jemand" zu sein. Warum? Ohne Grund. Auch „Ich bin" erscheint für nichts und niemand.

F: Es hat keinen Grund?

A: Nein. Wie gesagt, es existiert nicht mal. Was ist, braucht keinen Grund, um so zu sein, wie es ist. Das ist die Freiheit.

F: Kennt es denn Moral?

A: Nein, kennt es nicht. Was ist, ist amoralisch. Es ist weder gut noch schlecht, noch entwickelt es sich. Es ist einfach – und zwar das, was es ist.

F: Manche beschreiben es als absolute Liebe? Das bringe ich nicht zusammen.

A: Ja, Freiheit ist Liebe. Die Überraschung ist, dass das, was ist, in Abwesenheit des Erfahrenden stimmig ist. Natürlich ist es auch mit dem Erfahrenden stimmig – nur nicht in dessen Erfahrung. Diese absolute Stimmigkeit kann man durchaus als Liebe sehen. Es gibt keine Bedingungen.

F: Aha... ja.

A: Das Wunder ist, dass es stimmig ist, so, wie es ist – und nicht wie sich das scheinbare Ich „stimmig" vorstellt. Das stellt Bedingungen. „Erst wenn es so und so ist, ist es gut", „erst wenn ich erwacht bin, ist es wirklich gut" und so weiter. Das ist der Traum. Was ist, ist bedingungslos so, wie es ist. Es ist frei.

F: Erfährst Du diese Stimmigkeit?

A: Wer sollte sie erfahren? Niemand erfährt sie. Sie ist die natürliche Realität. „Ich bin" hat in seinem Erleben keinen Zugang zu ihr – obwohl es auch diese ist! Befreiung ist das Ende des Erlebens von Unstimmigkeit. Was bleibt, ist Stimmigkeit, allerdings für niemand.

Keine Menschen

„Schüler: Was passiert mit den Menschen, wenn sie zu Dir kommen?

Zen-Meister: Es sind dann keine Menschen mehr."

(unbekannt)

F: Es fällt mir immer schwerer, eine Geschichte über mich aufrecht zu erhalten. Es ist alles so wirr und durcheinander. Irgendwie komme ich gar nicht mehr hinterher.

A: Ja, diese Geschichte ist ein Traum. Es gibt sie nicht. Sie ist Teil des Erlebens, „jemand" zu sein. Das scheinbare Ich erlebt sich als etwas Reales. Es lebt in seiner persönlichen Geschichte und gleicht diese immer wieder mit dem Ist-Zustand ab, erneuert sie und erzählt sie – sich selbst und allen, die sie hören wollen. Es lebt in der Illusion von Kontinuität. Es gibt weder das Ich noch seine Geschichte, noch die Existenz einer Kontinuität.

F: Ich weiß gar nicht mehr, wer oder was ich bin. Ich weiß gar nicht mehr, was es heißt, „menschlich" zu sein.

A: Ja, natürlich. Es gibt keine Menschen. Da ist niemand. Dass da „jemand" ist, ist der Traum. Befreiung ist nicht Aufwachen aus dem Traum – sie ist das Ende davon.

F: Es scheint auch so zu sein, dass das Ich ständig ein Bild von sich hat; und es versucht, dieses Bild aufrecht zu erhalten.

A: Ja, „wie ich bin" ist Teil der Geschichte. Das scheinbare Ich versucht, sich seinem Bild entsprechend zu verhalten. Es nimmt tatsächlich an, dass da eine reale Instanz ist, ein realer Mensch, der in Zeit und Raum existiert.

F: Ich kriege es echt nicht mehr zusammen.

A: Ja, klar. Wie solltest Du?! All das hat keine Realität.

F: *Was ich auch bemerke, ist, wie ich diese Botschaft benutzen will,
um besser durch mein Leben zu kommen. Ständig sage ich mir Sätze
vor wie: „Das ist nur das, was geschieht", um dadurch runter zu
kommen. Manchmal klappt es auch.*

A: Ja, wie jede Methode scheint es für eine Weile zu funktionieren.
Natürlich funktioniert sie nicht wirklich – auch diese Methode
benötigt eine ständig Arbeitende. Jede momentane Beruhigung
gleicht eher einem mühevollen Weiterhangeln zum nächsten
Moment. Das ist okay, hat aber mit dieser Botschaft nichts zu tun.
Und ja: Das scheinbare Ich nimmt auch diese Botschaft und
versucht, sie einzusetzen.

F: *Ja, ich benutze sie, um intensiven Gefühlen zu entgehen.*

A: Wie gesagt, das ist okay, hat aber mit dem, was gesagt wird,
nichts zu tun. Ja, da ist „nur", was scheinbar passiert. Auch Dein
Versuch, dem zu entgehen, ist das, was scheinbar passiert – und doch
ist dieser Versuch illusionär, ganz einfach, weil Du illusionär bist.
Es gibt keine Menschen, keine Geschichte, keine Kontinuität. Es gibt
gar keinen realen Ablauf in Zeit. Nichts passiert – oder besser: nicht-
etwas.

F: *Manche Lehrer raten ja dieses „In den Moment"-Kommen.*

A: Wer sollte das tun?! In welchen Moment denn?! Auch hier: Daran
ist nichts verkehrt, hat aber mit dieser Botschaft nichts gemein. Es
gibt weder Dich noch einen Moment, in den Du kommen könntest.
Es ist irrelevant.

F: *Für mich aber nicht.*

A: Ja, das stimmt. Für Dich nicht. (lacht)

Der Tod

F: Was ist denn Sterben?

A: Eine Illusion.

F: Gibt es denn den Tod?

A: Nein, es gibt keinen Tod. Es kann ihn nicht geben, denn es gibt keinen Lebenden. „Ich bin" ist der Traum, „Ich habe ein Leben" und „Ich werde sterben" ist der Traum. Da diese Anwesenheit illusionär ist, ist es auch deren Tod.

F: Das Thema „Tod und Sterben" beschäftigt mich sehr.

A: Ja, aus der Sicht des scheinbaren Ich ist „Sterben" natürlich etwas Gewaltiges, ein riesiger Berg, der da vor einem steht. „Sein Leben" ist das Einzige, was das scheinbare Ich scheinbar hat. Aus dessen Sicht endet mit seinem Leben alles Interessante. Dazu, dass Leben und Sterben illusionär sind, hat es keinen Zugang.

F: Ja, allerdings.

A: Es besteht eben nur daraus, sich als diese/r Lebende zu erfahren. Das ist seine einzige Realität. Deshalb ist das Leben ja so wichtig.

F: Denkst Du, dass es darum so gerne überleben möchte?

A: Ja, „mein Leben" ist alles, was das scheinbare Ich hat. Außerdem glaube ich, dass das scheinbare Ich, wenn es um seinen Tod geht, denkt: „Halt! Stopp! Da kommt doch noch was. Das kann es doch nicht gewesen sein." Es geht fest davon aus, dass noch etwas kommt. Das ist die versteckte Hoffnung auf Befreiung.

F: Ja, irgendwas sollte noch kommen. Ich habe auch noch so viel vor.

A: Ja, aber da kommt nichts mehr. Die Illusion, dass noch etwas kommt, ist Teil des Erlebens von „Ich bin". Das erlebt sich in einem Ablauf in Zeit, den es so gar nicht gibt. Und weil das, was es erlebt, ungenügend scheint, geht es davon aus, dass das Richtige noch kommt. Würde ich also jetzt sterben, wäre ich nie wirklich glücklich gewesen. Auch deshalb ist es für das scheinbare Ich sehr wichtig zu überleben. Es möchte erfüllt abtreten.

F: Geht das denn überhaupt?

A: Genau das ist der Witz: „Ich bin" wird nie in dem Sinne erfüllt abtreten, wie es sich das erhofft. Zum Glück ist es nicht real... (lacht).
„Ich bin" lebt nur darin, Einheit zu übersehen. Da es nicht real ist, gibt es auch nichts zu verpassen.

Angekommen

F: Andreas, ich bin hier völlig auf mich selbst zurückgeworfen. Das fühlt sich irgendwie gut an, ist aber auch irgendwie ungewohnt – bedröppelt.

A: Ja, das ist das Existentiellste, das „Ich bin" erfahren kann: völlig auf sich selbst zurück geworfen zu sein. „Hier steh ich nun, ich armer Tor und bin so schlau als wie zuvor."

F: Als ob ich wieder am Anfang stehe.

A: Ja, es hat sich nichts getan. All das Erleben und alle Ideen, was mit mir passiert ist, wo ich jetzt stehe, wie weit ich gekommen bin, alles hinfällig. Nichts davon ist je geschehen. Was passiert in diesem „auf sich selbst zurückgeworfen sein" ist, dass diese Geschichte für einen Moment zum Erliegen kommt. Was bleibt, ist Deine Anwesenheit.

F: Aber das ist doch noch in der Geschichte.

A: Ja, natürlich. Das ist sozusagen Deine Ausgangssituation: „Hier bin ich", irgendwo frei schwebend im Raum, hier, jetzt, als erlebbare, wahrnehmbare Präsenz.

F: *Das bin ich.*

A: Ja, das ist „Ich bin". Ohne Geschichte kann es durchaus etwas Angenehmes haben. Ein Durchatmen, eine Pause von den lästigen Geschichten und Gedanken des Alltags. Hier sind keine Strafzettel, keine Streitigkeiten, nichts. Natürlich nur solange, bis „Ich bin" wieder zurückgeht in seine Geschichten.

F: *Aber kann ich nicht hier bleiben?*

A: Nein, natürlich nicht. Ganz automatisch geht das Ich zurück in seine Geschichten. „Hier" bleiben zu können ist der Traum des scheinbaren Ich – und der Traum vieler spiritueller Lehrer gleich mit. Aber das „ohne Geschichte"-Sein ist nicht Befreiung. Es ist eine kurze Verschnaufpause innerhalb des Erlebens von „Ich bin", von der persönlichen Geschichte. Das ist angenehm – eine Zeit lang. Aber nach einer Weile geht es automatisch zurück in die Geschichte. Das muss so sein bzw. ist einfach so. Ganz einfach deshalb, weil auch die reine Anwesenheit von „Ich bin" unangenehm ist. Es ist das reinste Erleben von Anwesenheit und damit auch das reinste Erleben von Trennung. Natürlich geht es wieder zurück in die Zerstreuung. Es muss. Manche spirituelle Lehrer lehren dann, durch Achtsamkeit wieder hierher zurückzukommen. Die Idee ist, dass man das trainieren könne, um dann immer mehr „hier" zu sein.

F: *Ja, ich übe das.*

A: Und? Wie klappt es?

F: *Naja, einen abschließenden Erfolg hat es nicht gebracht.*

A: Natürlich. Kann es gar nicht. Sowohl das reine Hiersein als auch das scheinbare Verlieren in der Geschichte sind Teil des Erlebens von „Ich bin". Keines davon ist „es". Keines der beiden ist erfüllend.

Diese Präsenz, dieses Anwesende – ob nun rein oder zerstreut – ist der Traum. „Ich bin" ist der Traum. Es gibt diese Anwesenheit nicht als eine reale Anwesenheit. Sie ist der Traum – und mit ihr jegliche Bewegung. Nichts geht „hin und her", nichts geht „rein und raus". Achtsamkeit ist eine Geschichte. Wer ist achtsam? Wer lebt in persönlichem Gewahrsein? Natürlich das scheinbare Ich. So verlockend diese Spielchen sind, sie sind nichts weiter als das: spirituelle Spielchen. Sie sind Teil des Traumes von „Ich bin". Stirbst „Du", sterben sie mit. Natürlich nur scheinbar, denn da ist nichts, das sterben kann. Das ist das Wunder.

Freiwillig

F: Du sagst oft, dass „Ich bin" ständig sucht und leidet. Was ist denn dann mit Menschen, die relativ glücklich sind? Bei vielen Menschen läuft es doch relativ gut. Sie sind glücklich, und so wirklich suchen tun sie auch nicht.

A: Ja, das stimmt. Das Erleben, „jemand" zu sein, ist für die meisten Menschen recht subtil bzw. absolute Normalität. Sie kommen recht gut damit durch ihr Leben – scheinbar. Es ist nämlich das, was scheinbar passiert, und kein Verdienst des scheinbaren Ich, auch wenn das so erlebt wird. Aber ja, für die meisten Menschen scheint „Ich bin" kein Problem zu sein.

F: Und sie suchen auch nicht. Sie leben einfach ihr normales Leben.

A: Das würde ich allerdings nicht sagen. Die Suche ist gestreut und dient hauptsächlich dem Jonglieren mit den ganzen Baustellen: Job, Karriere, Familie, Kinder, Hausbau, die Affäre nebenher. Es ist die Suche in Statussymbolen, Moral, Sicherheit, eben dem ganz normalen Leben. Gerät das allerdings aus den Fugen, wird die Suche schon verzweifelter. In der spirituellen Suche scheint sich die suchende Energie eher zu konzentrieren, aber das Erleben von „Ich bin jemand", der für eine noch bessere Zukunft handeln kann und muss, ist einfach Teil des Erlebens von „Ich bin" – und somit auch Teil des Erlebens „normaler" Menschen. Kein „Ich" sucht nicht.

F: Bin ich also schon sehr weit? Warum sitze ich denn dann hier?

A: Es ist das, was scheinbar geschieht. „Du" sitzt nicht hier, weil Du fortgeschritten bist, sondern weil da niemand ist und weil Du keine Wahl hast. Wenn es Dich gäbe und Du wählen könntest, wärst Du nicht hier.

F: Naja, ich bin schon gerne hier.

A: Aber es gibt hier nichts. Niemand kommt freiwillig zu den Talks, nur wer nicht anders kann, bleibt hier hängen. Solange irgendwo noch eine Hoffnung winken würde, wärst Du dort.

F: Ja, das stimmt. Nichts zieht mehr wirklich. Ich kann gar nicht mehr irgendwo anders hin.

A: Ja, alle Hoffnungen sind zerstört.

F: Fast alle.

A: Na gut, dann stirbt hier der Rest. (lacht)
Der Tod von „Ich bin" ist nichts, das man wählt. „Ich bin" wehrt sich mit Händen und Füßen dagegen. Solange es kann, solange es etwas da draußen oder da drinnen vermutet, würde es dafür gehen. Aber ja, es ist alles leer. Es gibt keine Hoffnung und gleichzeitig kein Entkommen.

F: Aber ich bin doch auch gerne hier.

A: Ja, keine Hoffnung zu haben ist Freiheit. Keine Illusion eines Angebots serviert zu bekommen ist Freiheit. Die Hoffnung auf Erfüllung und die Illusion, dass diese Sehnsucht erfüllt werden müsste, ist der Traum. Jedes Angebot gießt Öl in das Feuer der Suche – dieses ganze Setup könnte man als schmerzhaft bezeichnen, zumindest ab dem Zeitpunkt, ab dem es nicht mehr funktioniert. Solange die Illusion stattfindet, dass „Ich erreichen kann", wird übersehen, wie schmerzhaft dieses ganze Spiel aus Hoffnung und Suche, Bekommen und scheinbar Finden ist. Dieses Setup nicht zu erkennen ist Freiheit. Es gibt nichts zu finden. Es gibt nichts zu tun oder zu lassen. Es ist nichts verloren. Der „Verlorene" hat nie existiert.

F: Das ist wirklich wundervoll.

A: Ja, das ist es.

Erkenntnisse

F: Ich hatte mittlerweile so viele Einsichten und Erkenntnisse, aber der große Knall bleibt aus.

A: Befreiung ist keine Erkenntnis. Da es gar nichts Reales gibt, kann es auch keine realen Erkenntnisse geben. Sie geschehen, aber sie haben keine Bedeutung.

F: Und ich dachte, ich wäre auf einem guten Weg.

A: Entwicklung ist Teil des Traumes von „Ich bin". Hinter jeder Erkenntnis, die das scheinbare Ich ja als real erlebt, steckt die Vermutung, dass sie ein wichtiger Schritt in Richtung Ziel ist und zumindest ein reales „besser" bewirkt. „Ich bin" übersieht, dass das scheinbare Geschehen dieser Erkenntnis nichts und alles ist, kein Ziel und keine Bedeutung hat.

F: Ja, nach jeder Erkenntnis dachte ich: „Wieder ein Schritt."

A: Das scheinbare Ich lebt in der Illusion von Entwicklung. Es nimmt an, dass sich alle „besser" aufsummieren und irgendwann in einem richtigen „gut" münden. Das ist der Traum.

F: Aber gibt es denn kein „besser"? Scheinbar zumindest?

A: „Besser" ist illusionär. Es gibt kein reales „besser" – kann es gar nicht, weil das, was ist, schon absolut „gut" ist. „Besser" ist illusionär so wie „schlechter" illusionär ist.

F: Ist alles denn immer gut?

A: „Gut" ist ein schwieriges Wort. „Gut" und „schlecht" existieren einfach nicht als eigenständige Realitäten. Das ist alles.

Missverständnis

F: Seit einiger Zeit kommen immer wieder diese Konditionierungen hoch und ich gehe voll in die Geschichte. Dann denke ich, dass ich es wieder verloren habe. Immer wieder hatte ich so wunderschöne Zeiten der Stille, doch die sind dann dahin. Gleichzeitig bemerke ich, dass ich das gar nicht steuern kann.

A: Ja, das stimmt. „In die Geschichte gehen" ist das, was scheinbar passiert. Was soll's?! Wen kümmert's?! Das scheinbare Ich, das gerne erleuchtet werden möchte, sähe es lieber, wenn Du nur still auf Deinem Meditationskissen säßest. Es ist absolut ein Wunder, dass es das ist, was erscheint.

F: Das ist wirklich ein Wunder. Es passt so gar nicht zu meinem Bild von Erwachen.

A: Natürlich. Das scheinbare Ich glaubt an ein persönliches Erwachen und hat viele Ideen darüber, wie das aussehen bzw. wie es sich anfühlen würde. Das ist der Traum. Es gibt nämlich gar kein Erwachen in dem Sinn, wie es das scheinbare Ich vermutet.

F: In letzter Zeit habe ich Nicht-Dualität dazu verwendet, um diese aufkommenden Sachen nicht wahrhaben zu wollen.

A: Das kann passieren. Das scheinbare Ich wird auch versuchen, diese Botschaft als Ausweg zu benutzen. Natürlich scheitert es. Es gibt keine Lebensweise oder Methode der Nicht-Dualität. Das ist völliger Stumpfsinn – aber ja, das ist, wie das scheinbare Ich lebt: Es hört diese Botschaft, glaubt sie zu verstehen und versucht, dementsprechend zu handeln. „Konditionierungen sind nicht real?" – „d.h. dass ich keine mehr haben sollte". Was scheinbar passiert zeigt aber etwas anderes: „Ich bin" crasht ständig an dem Bild, das es von Einheit hat und an dem, was scheinbar passiert.

F: Das ist wirklich wahnsinnig frei.

A: Ja, absolut. Es gibt kein Richtig und kein Falsch. „Ich bin" lebt davon, sich in seinem Erleben zu bewegen. Es kennt nichts anderes. Es lebt in Verstehen, doch jedes Verstehen ist illusionär. In Bezug auf diese Botschaft ist jedes Verstehen ein Missverständnis. Wobei „Missverständnis" auch schon missverständlich ist. (lacht)

Es gibt kein Ende

F: Manchmal sagst Du, es gäbe kein Ende. Das finde ich schon heftig, da ich ja mit meiner Suche auf ein solches Ende hoffe.

A: Ja, es gibt kein Ende. Es gibt keine Ende, weil es niemals begann. Schöpfung ist illusionär, soll heißen, es gibt keine reale Schöpfung. Schöpfung und Quelle sind eins – nicht zu trennen. Um sie zu trennen, ins Absolute und ins Relative, benötigt man eine Geschichte von zwei realen Existenzen in Zeit und Raum.
Es gibt keine Ende von „Ich bin", weil „Ich bin" niemals existiert hat. Es gibt kein Ankommen, denn es ist niemand unterwegs.

F: Viele spirituelle Lehrer sagen das aber auch.

A: Ja, das stimmt, aber viele sagen es aus einem persönlichen Erleben heraus. Da gibt es das Ende nicht deshalb nicht, weil nichts jemals wirklich existiert hat, sondern weil das Erleben, „auf einem Weg zu sein" nicht endet. Genauso kann also „jemand", der sich seit

50 oder 60 Jahren auf einem scheinbaren spirituellen Weg befindet, sagen, dass es kein Ende gibt: weil es für ihn kein Ende gibt.

F: So erlebe ich das auch. Aber ich suche das Ende.

A: Ja, natürlich. „Ich bin" erlebt sich als anwesend und in einem zeitlichen Ablauf. Ständig passiert etwas. Ständig kommt etwas Neues, mit dem „Ich" dann wieder neu umgehen muss. Selbst in scheinbarer spiritueller Meisterschaft bleibt das Erleben eines Weges, einem Ablauf, einer Entwicklung. Und da es im persönlichen Erleben nie endet, kann es auch hier zu der Aussage kommen, dass es kein Ende und kein endgültiges Ankommen gibt. Manche sehen das als Weisheit an. Bis zu einem gewissen Grad kann das auch als befreiend oder tröstend erlebt werden. Es gibt der Suche die Freiheit, nicht enden zu müssen. Der scheinbare spirituelle Meister gibt Dir die Erlaubnis, weiter zu suchen bzw. nicht sterben zu müssen, mit dem Satz: „Der Weg ist das Ziel" oder „Du kannst ruhig suchen bis zum Sankt Nimmerleinstag, denn das mache ich auch." Was für ein Witz. Im persönlichen Erleben gibt es kein Ende, weil das Erleben, auf einem Weg zu sein, nicht endet; in Befreiung gibt es kein Ende, weil nichts jemals real begonnen hat. Existenz ist illusionär.

F: Willst Du damit sagen, dass all das eine Illusion ist?

A: Nein. Ich sage nicht, dass das, was passiert, eine Illusion ist. Es ist illusionär. Man könnte auch sagen, dass es real und irreal ist. Es ist und es ist nicht.

F: Das kann ich einfach nicht verstehen.

A: Ja, das ist nicht zu verstehen. „Ich bin" erlebt nur „real". „Real und irreal" bleibt ihm verborgen. Nicht als Idee, sondern im Erleben. Das, was scheinbar passiert, ist Einheit. Was passiert ist keine Illusion – das ist „es". Die Illusion ist, dass es etwas Reales ist. Die Illusion ist, dass dieser Moment ein reales Geschehen in Zeit und Raum ist, nämlich dass es jetzt und hier wirklich stattfindet, in Abgrenzung zu einem „vorher" und „nachher" und in Abgrenzung zu „dort".

F: Manche sagen ja auch, dass das Einzige, was man hat, dieser Moment ist.

A: Ja, und dann muss man da reinkommen... (lacht)... Es gibt diesen Moment nicht. Niemand hat ihn. Niemand erlebt ihn. Das scheinbare Ich erlebt einen Moment in Zeit und Raum – scheinbar! – und sucht nun einen Weg, diesen für sich „ganz" zu machen. Eine Idee dabei ist, ganz präsent zu sein und ihn so intensiv wie möglich zu erleben. Aus der Sicht des scheinbaren Ich ist diese Idee nachvollziehbar: „Je präsenter ich bin, desto mehr erlebe ich, desto voller wird meine Erfahrung. Und wenn ich irgendwann ganz da bin, ist meine Erfahrung immer erfüllt." Was für ein Traum.

F: Das wird doch auch so gelehrt. Man soll doch ganz im Hier-und-Jetzt sein.

A: Ja, aber es ist eine Geschichte. Wenn Dir jemand rät, im Moment präsent zu bleiben, rät er Dir, anwesend, also getrennt zu bleiben. Persönliche Präsenz ist illusionär – der Versuch, präsenter zu sein ist eine Methode, ein künstlicher Zustand innerhalb des Erlebens von „Ich bin", der für eine Weile interessant wirken kann, allerdings auch ständige Arbeit erfordert. Es ist nichts anderes als die Hölle, ganz ähnlich dem Ratschlag, „bewusst" zu sein.

F: Das hört sich so an als ob das „Ich" schlecht wäre.

A: Nein, „Ich bin" ist nicht schlecht – es ist ja nicht mal real. Aus der Sicht des scheinbaren Ich, das erleuchtet werden will, aber dies durch seine Anwesenheit verhindert, kann es sich so anhören, als ob es nicht sein solle. Das Dilemma dabei ist, dass es so oder so keine Erleuchtung gibt. „Ich bin" verhindert in dem Sinne also gar nichts. Und doch: Sich als „jemand" zu erfahren ist illusionär. Dazu, dass das ganze Drama der Suche nach Vollkommenheit auch illusionär ist, hat das scheinbare Ich einfach keinen Zugang. Allerdings, wenn dieses Setup endet, bleibt nicht eine erleuchtete Erfahrung, sondern einfach keine Erfahrung. Dass das dann alles ist, ist das Wunder.

F: Allerdings. Für mich hört sich „keine Erfahrung mehr" absolut langweilig und uninteressant an.

A: Ja, natürlich. Seine Erfahrung ist das Einzige, was „Ich bin"
scheinbar hat. Es kennt nur sich und die Möglichkeit, zu erfahren.
Was es sucht, ist eben nicht Befreiung, sondern eine absolute
Erfahrung. Nichts mehr zu erfahren wäre für das scheinbare Ich die
Hölle. Es wäre der komplette Verlust. Befreiung ist aber nicht nur
das Ende von Erfahrung, sondern auch das Ende des Erfahrenden.
Was bleibt, ist nichts – im Sinne von „nichts Bestimmtes" – und
alles.

Zwei Welten

*F: Du sprichst oft über zwei Realitäten – der „Ich bin"-Realität und
der natürlichen Realität. Wie passt denn das zusammen mit dem,
dass es keine Trennung gibt?*

A: Es gibt keine zwei Realitäten. Es gibt keine künstliche „Ich bin"-
Realität, die getrennt wäre von der natürlichen Realität. Dass es zwei
Realitäten gibt, ist bereits Teil des Traumes von „Ich bin". Das
Erleben, eine eigene Realität zu sein, existiert eben nicht wirklich.

F: Wie kann ich das denn herausfinden?

A: In dem Sinne gar nicht. Derjenige, der es herausfinden will, ist die
scheinbar getrennte Realität. Einheit ist nicht auffindbar – sie ist
alles.

F: Was kann ich denn sonst tun?

A: Die Frage stellt sich nicht wirklich, bzw. sie ist bereits Teil einer
Realität, die so gar nicht existiert. „Ich bin" ist hier völlig
aufgeschmissen. Nicht nur, dass es nichts an die Hand bekommt, es
wird nicht einmal als etwas Reales erkannt. Es bekommt nichts, rein
gar nichts. Nichts zu bekommen ist spannenderweise sein natürliches
Erleben. Jedes Bekommen ist illusionär und stillt den Hunger nach
Einheit nur für wenige Momente. Um genau zu sein wird der Hunger

nach Einheit nicht einmal für einen Moment gestillt – die Freude des scheinbaren Ich beim Erreichen eines Ziels entspricht einem kurzen „high" – „Ich bin" wird „high" mit der Geschichte: „Jetzt habe ich es."

F: Und das sucht es dann immer wieder?

A: Ja, auf eine Art ist das so. Es vermutet, dass Einheit eine andauernde sehr gute Erfahrung ist. Da Erfahrung das Einzige ist, das „Ich bin" kennt – „Ich bin" besteht nur daraus, zu erfahren – sucht es Einheit in einer Erfahrung. Jede gute Erfahrung scheint somit ein richtiger Schritt in Richung Erleuchtung, Erfüllung oder Befreiung zu sein. Auf dieser Geschichte – „Ich habe es geschafft, ich bin wieder einen Schritt näher" – surft „Ich bin" für einen kurzen Moment. Die Illusion ist, dass sich jedes „besser" aufaddiert und irgendwie zum letztendlichen „gut" wird. Dieses „gut" wird nie kommen – es ist Teil des Traumes von persönlichem Ankommen.

Intuitives Erfassen

F: Andreas, kann es denn sein, dass ich das niemals hören werde?

A: Ja, das kann sein. Huang-Po spricht vom „intuitivem Erfassen des einen Geistes". Das „intuitive Erfassen" ist das, was scheinbar geschieht, und folgt keiner Regelmäßigkeit. Es ist weder aktiv machbar noch verhinderbar. Spannenderweise ist dieses „Erfassen" nicht das Resultat eines vorangegangenen Weges, auch wenn es so scheinen mag.

F: Genau das wäre meine nächste Frage gewesen: Die Meisten, von denen ich gehört habe, denen so etwas passiert ist, haben eine spirituelle Vorgeschichte. Vielleicht ist es dann doch gut, zu suchen.

A: Naja, alle, die die Geschichte vom Ende des „Ich" erzählen, waren eben scheinbar jemand und haben natürlicherweise gesucht.

F: Aber auch spirituell?

A: Das ist eben das, was scheinbar geschieht. Trotzdem ist es keine reale Bedingung. Ich kenne einige Menschen persönlich, die vor dem ersten Erwachen – dem ersten Loch im Erleben – keine spirituelle Vorgeschichte hatten, aber ab dann gesucht haben. Ein Erwachen kann ein großer Einschnitt sein, weil es erstmals so anders ist als das tagtägliche „Ich bin"-Erleben. Dass dann geforscht wird, ist nachvollziehbar. Für viele Menschen bleibt es aber bei einer oder mehreren sogenannten Erwachenserfahrungen – auch die anschließende Suche führt nicht zwangsläufig zum „Hören" dieser Botschaft.

F: Kann sie denn gehört werden?

A: Nein, das kann sie nicht wirklich. Dieses „Hören" ist eine sehr holprige Beschreibung, denn sie hört sich an wie ein realer Vorgang. Genau wie das „intuitive Erfassen" von Huang Po. Das scheinbare Ende von „Ich bin" braucht nicht das Hören dieser Botschaft. Es benötigt nicht zum Talk zu kommen, Bücher zu lesen oder sonst etwas Ähnliches. Wenn es aber das ist, was scheinbar passiert, ist es das, was scheinbar passiert. Hier zu den Talks zu kommen ist eben auch nicht falsch. Es ist Einheit selbst, die erscheint als das.

F: Ramana meinte, dass vor der Realisierung Arbeit nötig ist, aber dass es danach mühelos ist.

A: Das würde ich so nicht sagen, man kann es aber durchaus so sehen. „Arbeiten" ist natürlich nicht nötig, allerdings wird, solange da jemand ist, irgendeine Art von Arbeit bzw. Suche stattfinden. Insofern stellt sich die Frage nicht wirklich, ob Arbeiten nötig ist. Die Idee, für seine Erleuchtung arbeiten zu müssen, verpufft zusammen mit dem Arbeitenden. Danach ist es insofern mühelos, als weder jemand da ist, der sucht, noch es einen Zustand der Realisierung gibt. Es gibt gar nichts zu realisieren. Das, was ist, ist bereits zu 100% realisiert. Dass es eine zusätzliche persönliche Realisation benötigt, ist Teil des Traumes von „Ich bin". Persönliche Realisation ist weder möglich noch nötig, weil es gerade diese

Person ist, die illusionär ist. Verpufft diese Person, verpufft die Idee, etwas realisieren zu müssen gleich mit.

Ego verlieren

F: Ich würde so gerne mein „Ich" verlieren.

A: Jetzt redest Du schon von zwei „Ich", dabei gibt es nicht mal eines. (lacht)
Niemand hat ein Ich, deshalb kann auch niemand ein Ich verlieren. Auch das Erleben, „jemand" zu sein erscheint für niemand. Auch das Erleben von „Ich bin" ist Einheit, die erscheint als das. Niemand macht „Ich bin", niemand hat „Ich bin" und niemand verhindert „Ich bin". Allerdings ist die Idee, dass „Ich bin" nicht sein sollte, Teil des Traums von „Ich bin". Es ist nämlich „Ich bin", das von einer realen Anwesenheit ausgeht.

F: Es gibt kein Entkommen.

A: Ja, absolut. Es gibt aus dem, was scheinbar passiert, kein Entkommen. Es gibt kein Entkommen, weil es alles ist.

F: Aber ich möchte endlich da raus kommen!

A: Ja, „Ich bin" erlebt sich als darin, und weil es nur erlebt, bleibt es innerhalb seines Erlebens ungenügend. Aber es ist gar nicht „darin". Der Gefangene ist illusionär. Es gibt ihn nicht als eine eigenständige Realität. Entkommen ist nicht nötig.

F: Dann gibt es ja gar keine Freiheit.

A: Zumindest nicht in dem Sinn, wie sie das scheinbare Ich vermutet. Was ist, ist frei, genau so zu sein, wie es ist. Auf der anderen Seite ist es daran gebunden, genau so zu sein, wie es ist. Es ist absolute Totalität und genau das ist die Freiheit. Da „was ist" Dich mit einschließt, bleibt es unerfahrbar.

Reinigung

Es gibt ganze Schulen der Reinigung, der Transzendenz, des Schälens der Zwiebel, in der Hoffnung, zum Kern durchzudringen. Es gibt keine Schalen und keine Zwiebel. Es gibt keine Schichten und vor allem: Es gibt keinen wahren Kern. Nichts muss gereinigt werden – menschliches Sein ist nicht der Schmutz auf der absoluten Ebene des reinen Seins. Nichts muss bereinigt werden von der menschlichen Existenz – nichts wird verschmutzt von den Gedanken oder gar dem Erleben, „jemand" zu sein. Spirituelle Schulen und Erleuchtungslehrer predigen den Prozess, lehren den Weg als das Ziel, denn sie kennen es nicht anders. Sie sind selbst auf dem Weg Seiende – Werdende oder Bleibende. Scheinbar, denn auch da ist niemand.

Raum und Zeit

F: Du sagst manchmal „zeitlos" und „raumlos". Wie meinst Du das?

A: Das Erleben von Zeit und das Erleben von Raum sind Teil des Traumes von „Ich bin". Weder Zeit noch Raum sind eigene Realitäten.

F: Ja, das mit der Zeit verstehe ich schon ein bisschen. Sie ist ein Konstrukt.

A: Das ganze Erleben eines zeitlichen Ablaufs ist illusionär. „Ich bin" erlebt sich als „Ich bin jetzt hier." Es ist die erste Instanz – scheinbar natürlich. Sobald es ein „hier" gibt, gibt es ein „dort". Schon hast Du Raum. Und sobald es ein „jetzt" gibt, gibt es ein „vorher" und ein „nachher". Sobald es „eins" gibt, gibt es etwas außen herum. Aber schon dieses erste „jetzt-hier" ist illusionär. Es gibt kein „jetzt-hier".

F: Das kann ich zwar irgendwie verstehen, aber irgendwie auch nicht.

A: Ja, es scheint logisch, widerspricht aber dem Erleben von „Ich bin". Es kann scheinbar verstehen, und doch erlebt es sich in Zeit und Raum. „Ich bin" ist ein energetisches Erleben; Verständnis findet statt innerhalb des Erlebens, ist illusionär und daher nutzlos. Befreiung ist eben nicht das Verstehen, dass Zeit und Raum nicht real sind, sondern das Ende des Erlebenden. Mit ihm endet das Erleben in Zeit und Raum automatisch.

F: Und wie ist es dann ohne Zeit?

A: Ich habe keine Ahnung. Ich lebe nicht in einem Zustand der Zeitlosigkeit. Die Erfahrung von Zeit wird nicht ersetzt durch eine Erfahrung von Zeitlosigkeit. Zeitlosigkeit wird nicht erlebt. Es gibt einfach keine Zeit. Dasselbe gilt für Raum und Raumlosigkeit. Befreiung an sich ist keine Erfahrung, sondern das Ende des Erfahrenden als zentraler Instanz. Der Erfahrende ist der Traum – er hat keine Realität.

F: Das ist wirklich erstaunlich.

Gefühle

F: Wie gehst Du denn mit Gefühlen um? Es gibt ja die unterschiedlichsten Ideen darüber, was man mit Gefühlen machen soll. Im Zen habe ich den Eindruck, dass Gefühle als problematisch angesehen werden.

A: Ja, das scheinbare Ich kann Gefühle als bedrohlich erleben – sind sie intensiv, hat es den Eindruck, darin unterzugehen. Es geht auf Distanz, um zu überleben. In Befreiung ist niemand da, der Gefühle als etwas Getrenntes erlebt. Sie sind einfach das, was scheinbar passiert und damit Einheit selbst.

F: Was machst Du denn dann mit Ihnen?

A: Gar nichts, bzw. da ist niemand, der sich Gefühlen gegenüber positioniert. Es gibt weder ein Bedürfnis, sie klein zu halten noch sie künstlich aufzuplustern. Sie werden also weder unterdrückt noch müssen sie bewusst ausgelebt werden.

F: Das kann ich mir gar nicht vorstellen.

A: Ja, das stimmt. „Ich bin" erfährt seine Gefühle als etwas Getrenntes. Dadurch sind sie potentiell gefährlich, denn sie bedrohen den geglaubten Frieden des Erfahrenden. Insofern muss dieser lernen, wie man richtig mit Ihnen umgeht. Aus der Angst heraus, in ihrer Intensität unterzugehen, werden sie in der Regel unterdrückt.

F: Kann das zu Krankheiten führen?

A: Ja, scheinbar. Gleichwohl ist es das, was scheinbar passieren kann. Gefühle sind kein Problem – sie sind Einheit, die erscheint als das.

F: Bist Du manchmal sentimental?

A: Ja, scheinbar.

Wiederkommen?

F: Kann denn das Erleben von „Ich bin" wieder erscheinen?

A: Nein, kann es nicht. Wenn das letzte Ausatmen geschieht, wird offensichtlich, dass niemand lebt und niemand stirbt. Weil nichts verschwindet, kann auch nichts zurückkommen.

F: Erscheint das Ich denn noch ab und zu?

A: Nein, da erscheint nichts mehr ab und zu. Aber verstehe mich bitte richtig: Es gibt kein Ich, das gelebt hat und gestorben ist. Das wäre die Geschichte dazu. Es hat „Ich bin" nie gegeben.

F: Ist das ein stabiler Zustand?

A: Das könnte man zwar meinen, aber nein, es ist kein Zustand. Zusammen mit „Ich bin" verpufft das Erleben von Kontinuität, also von einem Ablauf in Zeit.

F: Wie ist es dann?

A: Das weiß ich nicht. Ich kann es Dir nicht sagen. Ich bin nicht dabei.

Für mich?

F: Ich frage mich, wie es denn für Dich ist, befreit zu sein.

A: Das ist unmöglich zu sagen. Es gibt nämlich kein „für mich". Es gibt niemand, der befreit ist.

F: Du erlebst es also gar nicht?

A: Nein, tue ich nicht. Wie gesagt, da ist niemand, der etwas erlebt, also ist da auch niemand, der Befreiung erlebt. Befreiung ist keine Erfahrung. Sie ist das Ende des Erlebenden – eines Erlebenden, den es so nie wirklich gab.

F: Ich kann es also gar nicht erfahren?

A: Nein, kannst Du nicht. „Ich erfahre etwas" ist der Traum. Verpufft er, bleibt das, was ist. Was das allerdings ist, ist weder wissbar noch erlebbar. Das Ende von „Ich bin" ist das Ende von „Erleben". Was bleibt, ist „Leben". „Es" stirbt. Scheinbar.

F: Aha, also bleibt doch etwas.

A: Nein, mit „Leben" meine ich nicht-etwas.

F: Was ist denn nicht-etwas?

A: Im wahrsten Sinne nicht-etwas. Es ist das, was scheinbar passiert. Du, ich, dieses Zimmer, diese Stühle, Tische, diese Gedanken, diese Gefühle – all das ist nicht-etwas. Der Traum ist, dass es „etwas" ist.

F: Und der Traum?

A: Auch der ist nicht real. Es ist bereits Teil des Traums, dass es einen realen Traum gibt. Das ist das Wunder: Es gibt keinen Traum. Es gibt kein Ich und keine Trennung. Trennung ist Illusion. Niemand kann erwachen und niemand muss erwachen. Der Traum ist nicht real. Nichts trennt Dich von dem, was alles ist.

F: Und die ganzen Lehren? Die ganzen Methoden, Tipps und Tricks?

A: Sie entstehen aus dem Erleben von Trennung – einem Erleben, das gar keine Realität hat. Deshalb sind auch die ganzen Lehren, Methoden, Tipps und Tricks Teil dieses Erlebens. Sie haben keine Realität und führen nirgendwohin.

F: Aber nichts führt irgendwohin, oder?

A: Ja, absolut. Nichts kann irgendwohin führen, da alles bereits „das" ist. Bzw. es gibt „nur" das, was scheinbar passiert – und das ist alles. Das scheinbare Ich ist natürlich darauf angewiesen, dass das, was scheinbar passiert, in eine Zukunft führt. Es erlebt es in Trennung und dadurch als ungenügend. Der zeitliche Ablauf ist einfach Teil des Traumes von „Ich bin". Nichts führt zu persönlicher Erfüllung. Es gibt sie nicht.

F: Das ist hart.

A: Ja, es ist knallhart. Wenn es Trennung gäbe, würde das heißen, dass Du niemals erfüllt sein wirst. Da aber Trennung nicht real ist, bedeutet es gar nichts.

F: Wow...

A: Ja, das ist die Schönheit.

F: Aber ich erlebe es doch als real.

A: Ja, auch das ist die Schönheit.

Ende erlebt

F: Wie hast Du denn das Sterben erlebt? Was ist denn genau passiert?

A: Das kann ich Dir gar nicht genau sagen. Das Dilemma ist, dass im Sterben das Erleben selbst stirbt, bzw. die Illusion, zu erleben. „Ich erlebe etwas" ist der Traum. Der Tod ist nicht ein neues „Etwas", eine neue Erfahrung, sondern das Ende des Erlebens an sich. Das Wunder ist, dass im Sterben gar nichts stirbt. So gesehen ist absolut nichts passiert. Es ist die absolute Überraschung und irgendwie auch die absolute, aber wundervolle Enttäuschung: Es gibt keinen Tod und damit auch keine Befreiung. Alles ist schon rund und satt – und gleichzeitig einfach nur das, was es ist.

F: Was ist denn das Wundervolle daran?

A: Das Wundervolle daran ist, dass nichts fehlt. Das Wundervolle ist, dass mit dem Tod des vermeintlich Lebenden gar nichts verloren geht. Aus der Sicht von „Ich bin" ist es der absolute Verlust. Es verliert alles, einschließlich seiner selbst. Dass gar nichts verloren geht ist das absolute Wunder.

F: Oh ja, das möchte ich auch haben.

A: Das ist der Traum: Dass „ich" das haben kann. Im Sterben stirbt zwar nichts, allerdings überlebt auch niemand. D.h. im Erwachen erwacht niemand.

F: Bleibt denn gar nichts übrig?

A: Naja, was bleibt ist das Unbekannte. Nicht-etwas sozusagen. Allerdings für niemand. Es bleibt niemand übrig, der nicht-etwas erfährt.

F: Und wenn Du sagst, dass es rund und satt ist?

A: Dann ist auch das für niemand. Niemand erfährt rund und satt. Niemand erfährt „Das ist es."

F: Und gibt es da kein Gewahrsein?

A: Keines, das eine eigene Instanz bilden würde. Keines, das sich „etwas" gewahr wäre. Keines, das sich irgendwelcher Umstände, z.B. dass das nur Einheit ist, gewahr wäre.

F: Abgefahren.

A: Ja, der Traum ist, dass da „etwas" ist, etwas Eigenes, Getrenntes, eine unabhängige Instanz – und genau die gibt es nicht.

F: Das ist unvorstellbar.

A: Ja, natürlich. Es gibt gar kein „Das", das vorstellbar wäre.

Lehrer

F: Du hackst immer so auf den Lehrern herum. Warum machst Du das? Es gibt doch kein „richtig" und „falsch". Das ärgert mich ungemein. Was hast Du gegen Methoden?

A: Ich habe überhaupt nichts dagegen. Es ist einfach Teil der Botschaft, das Spiel aus Suchen und Finden als illusionär zu entlarven. Es gibt keine Lehrer und es gibt keine Sucher. Nichts ist falsch am Spiel der Trennung – und doch ist es illusionär. Und das bekommst Du hier zu hören. Nicht weil es richtig ist. Nicht weil es besser ist. Du bekommst hier das zu hören, weil es das ist, was scheinbar passiert. Und auch das ist weder „richtig" noch „falsch".

F: Heißt das, dass ich meine Übungen getrost weitermachen kann?

A: Natürlich kannst Du das machen – bzw. kannst Du eben nicht. Wenn es so erscheint, wird es so erscheinen. Wenn nicht, dann nicht. Und ja, es spielt keine Rolle. Gleichwohl kann ich es Dir nicht empfehlen. Da ist niemand. Es ist niemand getrennt und kann eins werden. Genau das ist der Traum.
Und wenn das scheinbare Ich suchend und fragend zu einem Lehrer geht und er ihm etwas gibt – eine Antwort, eine Methode, eine Übung – lebt es auf und läuft freudestrahlend mit vollen Händen davon. Auch der Lehrer ist glücklich, denn er konnte ja helfen. Seine Schüler machen Fortschritte und so weiter. In diesem Spiel gibt es einen Lehrer und einen Schüler, beide sind real und beide stehen an bestimmten Positionen im Leben, und es gibt ein Hierarchiegefälle. All das ist der Traum. Kollabiert das „Ich", kollabiert das mit. Es bleibt nichts übrig.

Lehrer 2

A: Natürlich ist es nicht zu verstehen. Da kommt dann wieder die Lehre ins Spiel: Solange da jemand ist, wird dieser jemand einen Zugang zu dieser Botschaft suchen. Einer dieser scheinbaren Zugänge könnte Wissen oder Verständnis sein. Was ist, ist jedoch weder wiss- noch verstehbar. Das Ich scheitert an dieser Botschaft. Es scheitert bei dem Versuch, eins zu werden.

F: Also ist die Botschaft gar nicht so einfach.

A: Doch, sie ist wahnsinnig einfach. Sie ist einfach, weil sie bereits ist. Man könnte auch sagen: „Sie ist einfach". Allerdings wird „Ich bin" sie nie akzeptieren können. Und zwar nicht, weil es intellektuell nicht dazu in der Lage wäre. Es wird sie nicht akzeptieren können, weil es seinem ganzen Erfahren widerspricht. „Ich bin" besteht eben genau daraus, sich als etwas Getrenntes zu erfahren – und zwar nur daraus. Wie könnte es akzeptieren, nicht zu sein?! Selbst wenn es den Gedanken interessant findet – und sich dem intellektuell annähert – es wird niemals „wissen", wie es ist, nicht zu sein. Seine eigene Irrealität wird ihm niemals zugängig sein.

F: Hm. Ich werde also niemals eins werden?

A: Nein, natürlich nicht. Wer sollte denn eins werden? Es ist gar niemand getrennt.

Meister?

F: Ist es wichtig, zu einem Meister zu gehen, um zu erwachen?

A: Nein, ist es nicht. Allerdings stellt sich die Frage nicht wirklich, denn sie geht von einem Handelnden aus, der sich richtig oder falsch verhalten kann in Bezug auf ein Ziel, das so gar nicht existiert.

F: Aber ist es nicht hilfreich? Du warst doch auch bei einigen Leuten.

A: Ja, scheinbar. Das ist „meine" Geschichte – und alles, was scheinbar passiert ist, war absolut nötig, damit es genau so sein konnte, wie es scheinbar war. Aber: Es ist eine Geschichte. Jegliche Zusammenhänge, Ursachen und Folgen sind konstruiert. Ich könnte nicht wirklich sagen, dass es passiert ist, weil ich Tony getroffen habe.

F: Zu einem Meister zu gehen ist doch eine uralte Methode.

A: Jein, denn niemand kann Dir helfen. Nichts und niemand kann Deinen Tod bewirken, außer es ist das, was scheinbar geschieht. Es gibt weder einen Tony Parsons noch einen Andreas Müller. Das ist der Traum: dass es mich gibt, dass es Tony Parsons gibt und dass es Dich gibt. In diesem Traum sind das alles reale Personen, die auf einer Welt leben und verschiedene Dinge erreicht oder nicht erreicht haben. All das ist illusionär.
Ob „zu einem Meister gehen" erscheint oder nicht, spielt keine Rolle, abgesehen davon, dass sowieso niemand da ist, um zu wählen. Ob „zu diesen Talks kommen" erscheint oder nicht, spielt keine Rolle. Auch hier ist niemand, der das wählt. Dass es gebraucht wird ist der Traum. Dass es falsch ist auch.

F: Na, wenn das so ist... (lacht)

A: Ich kann Dir weder empfehlen zu kommen, noch kann ich Dir empfehlen nicht zu kommen. Das Ganze ist die Geschichte: „Ich bin hier und ich kann es richtig oder falsch machen." „Es falsch machen" natürlich immer im Hinblick auf ein Ziel – Befreiung zum Beispiel. All das geht davon aus, dass Du existierst. Das aber ist der Traum.

F: Wie kann ich denn aus dem Traum erwachen?

A: Niemand kann aus dem Traum erwachen. Derjenige, der erwachen will, ist der Traum. Dass es einen Traum gibt, aus dem jemand erwachen kann, ist der Traum. „Ich bin" hofft, aus seinem Alltagsbewusstsein in ein erwachtes Bewusstsein erwachen zu können. Das ist der Traum: dass es ein zukünftiges erwachtes Bewusstsein gibt. Bewusstsein ist illusionär.

F: Du redest ja eher von „Befreiung".

A: Ja, allerdings spielt die Bezeichnung für mich keine große Rolle. Da Befreiung das scheinbare Ende eines Traumes ist, kann man es auch als Aufwachen bezeichnen. Allerdings überlebt dieses Aufwachen niemand, insofern gibt es keinen Aufgewachten.

F: Manche Menschen bezeichnen sich ja als erwacht.

A: Ja, ich weiß. Für mich ist das absolut unmöglich. Nicht aus falscher Bescheidenheit, wie manche vermuten, nein, es ist schlichtweg unmöglich. Heutzutage spielen auch viele damit, aber ich nehme an, dass auch das aus einem persönlichen Erleben kommt, einem Erleben von Wachsein, was auch immer das ist. Für mich ist es absolut unstimmig. Ich sehe keine Verbindung zu dieser Botschaft.

F: In manchen Kreisen war es ja absolut verpönt, sich als erwacht zu bezeichnen.

A: Ja, allerdings habe ich den Verdacht, dass dieses Verpönt-Sein eher aus einem Verständnis kam, also aus einer aufgesetzten Bescheidenheit. Als diese Einschränkung dem scheinbaren Erleben widersprach, gab es eine Art Gegenbewegung. Da ist es dann wieder „in", sich als erwacht zu bezeichnen. Das ist wirklich Quatsch. Bei mir ist es nicht verpönt, es ist schlichtweg unmöglich.

F: Wie kann es denn dazu kommen?

A: Es gibt viele Möglichkeiten, allerdings setzen alle ein persönliches Erleben voraus. Viele scheinbar Erwachte, scheinbar Fortgeschrittene, scheinbare Meister und scheinbare „Was-weiss-Ich" befinden sich in einem relativ wirren Mix aus Angelesenem, Glaubenssätzen, spirituellen Erfahrungen, Einsichten und einem, zumindest zeitweise auftauchenden, persönlichen Erleben. Was meistens dabei herauskommt, ist ein kruder Mix aus diesen Worten, persönlicher Hilfestellung, Bedeutungsschwere, Überheblichkeit und aufgesetzter Demut. Meister-Schüler-Spiele sind ein Beispiel dafür.

F: „Verlasse niemals den Guru."

A: Ja, verlasse niemals den Guru, sonst wirst Du Äonen von Leben im Traum gefangen umherirren und nahezu ewiglich leiden. Liest sich fast wie Christentum, hört man aber immer wieder von sogenannten anerkannten spirituellen Lehrern.

F: Und was sagst Du nochmal? (lacht)

A: Es gibt keinen Traum und kein Erwachen. Es gibt keine Trennung und keinen Getrennten. Es gibt nichts zu erreichen.

Andere Meister

F: Du erwähnst immer mal wieder andere Meister, z.B. Huang Po. Du warst ja selber bei Tony Parsons. Stehst Du damit in einer Tradition?

A: Nein, nicht wirklich. Diese Botschaft folgt keiner Tradition. Das, wovon hier gesprochen wird, kann nicht von Person zu Person weitergegeben werden. Es folgt weder einer Linie noch sonst einer Tradition. Gleichwohl scheint es diese Botschaft schon immer bzw. immer wieder gegeben zu haben. Es handelt sich um ein singuläres, aber frisches, scheinbares Erscheinen. Das Besondere an dieser Botschaft ist, dass sie nicht aus Bewusstsein kommt. Sie ist keine persönliche Botschaft. Persönliche Botschaften basieren genau darauf: auf persönlichem Erleben, Traditionen, einem Weg, der Weitergabe von Information, persönlicher Verantwortung und einer Idee von persönlicher Erfüllung.

F: Das ist doch viel häufiger.

A: Ja, das ist das Übliche. Die meisten Menschen erfahren sich als „jemand" – scheinbar früher wie scheinbar auch heute. Deshalb gibt es auch eine große Fülle an persönlichen Botschaften – früher wie heute. Ich meine, die Bücherregale sind voll mit allerlei Ratgeberbüchern – von veganer Ernährung über Selbstdarstellung und den Weg zum schnellen Geld bis hin zum Leben im achtsamkeitsgetränkten Hier und Jetzt. Auch aus der Vergangenheit finden sich zahllose theologische Schriften und Abhandlungen, deren Inhalt quasi nie über das persönliche Erleben hinausgeht. Und dann, hier und da, blitzt auch eine sogenannte nicht-duale Botschaft – obwohl es so etwas eigentlich gar nicht gibt – heraus. Nicht, dass es besser wäre oder wertvoller, und doch wird dort etwas beschrieben, was scheinbar jenseits ist des persönlichen Erlebens, was scheinbar jenseits ist des Erlebens in Anwesenheit.

Energetisches Phänomen

F: Manchmal sagst Du, dass „Ich bin" ein „energetisches Phänomen" sei. Aber wenn ich das jetzt so höre, gibt es das auch nicht.

A: Ja, natürlich. Es gibt kein energetisches Phänomen „Ich bin". Das ist der Traum: dass da „etwas" ist. Das Erleben von „Ich bin" ist das, was scheinbar passiert, hat aber, wie alles andere auch, keine eigenständige Realität. Auch „Ich bin" ist ungetrennt, das, was scheinbar passiert. Es hat keine eigene Essenz. Es existiert nicht.

F: Aber alle reden doch davon. Das Ich hier, das Ich dort.

A: Ja, alle reden über etwas, das es gar nicht gibt.

F: Aber Du doch auch.

A: Ja, aber immer mit dem Zusatz, dass es sich um eine Beschreibung handelt. Letztlich eine Beschreibung für etwas, das es nicht gibt.

F: Das stimmt. Ich kann es nicht finden.

A: Ja, weil es nicht existiert. Es hat niemals existiert. Das ist die Botschaft: Es gibt kein „Ich bin". Jegliche Anwesenheit ist illusionär – das betrifft sowohl das Erleben von „Ich bin" als auch alles andere, was „anwesend" scheint.

F: Ist denn nichts real anwesend?

A: Nein, nichts ist real anwesend. Es gibt keine Schöpfung. Das, was passiert, ist real und irreal. Es ist und ist nicht.

F: Das ist ja verrückt.

A: Ja, aus der Sicht des scheinbaren Ich ist es das.

Überall ich

F: Langsam sehe ich, wo ich überall meine Finger im Spiel habe. Das ist wirklich erschreckend. Es ist nahezu überall. „Ich" hier, „ich" da, „Das sollte ich tun", „Da muss ich aufpassen", „Das ist wichtig", und so geht es gerade weiter.

A: Ja, „Ich bin" sieht nur eines: sich selbst. Und der Traum des scheinbaren Ich ist, all diese Dinge zu tun oder zu sein. Nichts davon tut „Ich bin" wirklich. Es lebt nur in der Illusion davon, für all sein Handeln verantwortlich zu sein.

F: Es ist, als ob ich überall nur „ich" sehe.

A: Wie gesagt, das Einzige, das „Ich bin" kennt, ist „Ich bin" und alles, was innerhalb dieses Traumes stattfindet. Es kennt nur den Traum.

F: Das ist wirklich verrückt. Wenn ich mir nun vorstelle, dass all das nicht mehr ist...

A: Ja, was ist dann?

F: Ich kann es mir gar nicht vorstellen. Irgendwie wäre dann einfach nichts... oder ich weiß es nicht einmal.

A: Ja, es ist nicht vorstellbar. Auch in der Vorstellungskraft endet es an der Grenze des Traumes aus Anwesenheit. „Ich bin" kennt eben nur etwas Erlebbares. Abwesenheit bzw. Irrealität ist nicht vorstellbar. „Ich bin" scheitert an der Grenze seines Erlebens.

F: Es ist wirklich so. Es fühlt sich an, als ob ich vor einer Mauer stehe.

A: Ja, „Ich bin" steht an der Mauer seines Erlebens und hat keinen Zugang dazu, dass es selbst die Mauer ist.

F: Ich würde das so gerne durchschauen.

A: Und schon stehst Du an der Mauer. Es gibt nämlich gar nichts zu verstehen. Was ist, ist nicht-etwas. Befreiung ist eben keine Erkenntnis innerhalb von „Ich bin", sondern einfach das Ende davon.

F: Wie kann ich es denn zu Ende bringen?

A: Gar nicht. Auch dieses „Ende"-Ding ist eine Geschichte. Im Ende stellt sich nämlich heraus, dass „Ich bin" gar nicht real ist und gar nie real war. Es endet also gar nichts wirklich. „Ich bin" hat es nie gegeben.

Darüber hinaus

F: Kann man über Nicht-Dualität hinausgehen?

A: Es gibt keine Sache, keinen Um- oder Zustand „Nicht-Dualität". Nicht-Dualität ist eine Geschichte. Über „was ist" kann man nicht hinausgehen, denn jedes „Darüber-Hinausgehen" ist auch „was ist". Worüber scheinbar hinausgegangen werden kann, ist ein Konzept von Nicht-Dualität. Das findet dann allerdings statt innerhalb der Geschichte bzw. innerhalb des persönlichen Erlebens. Viele Menschen haben einen Einblick in das, was hier gesagt wird, überleben ihn aber. Danach werden scheinbare Einsichten aus diesem Einblick konzeptualisiert. Da nach einiger Zeit – zumeist nach ein paar Monaten bis Jahren – dieses Konzept von Nicht-Dualität mit der eigenen, persönlichen Erfahrung crasht, muss dieses Konzept wieder um eine persönliche Komponente erweitert werden. Das scheinbare Ich erlebt das als Weiterentwicklung oder als Darüber-Hinausgehen. Worüber es jedoch scheinbar hinausgegangen ist, ist sein eigenes Konzept von dem, was es glaubte, verstanden zu haben – und es hat dann ein neues Konzept.

F: Wie kann denn so etwas passieren?

A: Das Dilemma ist, dass derjenige, der diesen Einblick überlebt hat, sich nun wieder als „jemand" erlebt. Der Einblick war absolut authentisch und für eine Weile scheint der- oder diejenige von der Klarheit aus diesem Einblick zu zehren. Allerdings folgt aus dem persönlichen Erleben von früher ein Später, ein erneutes Arbeiten. Es wird integriert, drangeblieben, gefühlt, überprüft, weitererforscht – allerdings dann interpretiert als notwendige persönliche Weiterentwicklung.

F: Es gibt ja einige Lehrer, die Nicht-Dualität und gleichzeitig Methoden anbieten.

A: Ja, es wird das gelehrt, was dem eigenen Erleben entspricht. Und wenn da scheinbar jemand ist, der integriert und heilt, ist es das, was weitergegeben wird. Das ist völlig okay, bzw. es ist das, was scheinbar geschieht – und doch ist es ein Unterschied zu dem, was hier gesagt wird. Es gibt keine Sache „Nicht-Dualität". „Nicht-Dualität" ist nicht lebbar. Sie hat nichts mit Heilung zu tun, nichts mit einem Weg, nichts mit persönlichem Erwachen. Es gibt diese Person nicht. Es gibt nichts zu integrieren, nichts zu heilen, nichts um dranzubleiben – außer es ist das, was scheinbar geschieht! Aus der Sicht von „Ich bin" kann sich das anhören wie Stillstand. Bei Andreas allerdings ist kein Stillstand, gleichwohl ist auch niemand da, der etwas von all dem tun kann und müsste.

F: Bist Du denn angekommen?

A: Nein, ich bin nicht angekommen. Da ist niemand, der ankommen kann. Dieses ganze Erleben, auf einem Weg zu sein, ist illusionär. Wer sollte ankommen können?!

F: Hm.

A: Das scheinbare Ich kann für eine Zeit lang das Gefühl haben, in einem scheinbar alles erklärenden Konzept von „Nicht-Dualität" angekommen zu sein. Es scheint für eine Weile eine gute Erklärung zu sein. Eigentlich erklärt es gar nichts.

F: Hä?

A: Wie gesagt, es gibt keine Sache „Nicht-Dualität". Es gibt „nur" das, was ist. Ja, man könnte das als „nicht-dual" bezeichnen, es ist allerdings völlig irrelevant, wie man es bezeichnet. „Was ist" ist unkennbar, benötigt aber auch kein Kennen. Das, was scheinbar passiert, benötigt kein Kennen seiner selbst, um ganz zu sein. Abgesehen davon ist jedes Kennen illusionär bzw. auch das, was scheinbar passiert.

F: Aber wieso scheinen manche dann doch zu der Weitergabe einer Methode und eines Weges zurückzukehren?

A: Zum Ersten, weil sie sich doch als „jemand" erleben. Wenn da „jemand" ist, wird diese Botschaft über kurz oder lang als „zu wenig" bzw. als ungenügend erlebt. Natürlicherweise muss ihr dann wieder etwas hinzugefügt werden, um sie aufzupumpen – eine Theologie, ein Weg, Methoden, Verfeinerung und/oder Ähnliches. Denkbar wäre auch, dass vermutet wurde, diese Botschaft sei eine Hilfe für die Person. Doch auch das stellt sich nach einer Weile als illusionär heraus. Sie ist eben gerade keine Hilfe, weil die hilfesuchende Person gar nicht als etwas Reales erkannt wird. Der spirituelle Lehrer könnte sich deshalb enttäuscht abwenden, da diese Botschaft weder ihm selbst noch seinen Schülern in dem Sinne hilft, wie er es vermutet hat.

Keine Hilfe

F: Diese Botschaft ist überhaupt keine Hilfe. Oft habe ich das Gefühl, dass ich etwas verstanden habe, aber wenn es dann hart auf hart kommt, ist da wieder völliger Schmerz. Ich verstehe es einfach nicht.

A: Diese Botschaft soll bzw. kann gar nicht helfen, denn sie erkennt keinen Bedürftigen. Derjenige, der einen Ausweg benötigt, ist illusionär. Es gibt diese Person nicht. Schmerzen entkommen zu müssen ist der Traum.

F: Ja, ich möchte entkommen.

A: Es gibt keinen Ausweg.

F: Das weiß ich doch, aber es nützt nichts.

A: Ja, absolut. Das zu wissen nützt nichts. Dass es etwas zu verstehen gibt, ist bereits Teil des Traumes. Bis zu einem Punkt scheint diese Botschaft völlig logisch zu sein. Das scheinbare Ich „weiß", wie das Ich funktioniert, „versteht" den Zusammenhang zwischen der Suche und dem Nicht-finden-Können. Dazu aber, dass all das nicht existiert, hat es keinen Zugang. Somit versteht es einen Zusammenhang, eine Realität, die gar nicht existiert. Es gibt kein „Ich bin", es gibt keine Trennung. Dieses ganze Setup ist nicht real. Es gibt nichts zu verstehen.

F: Wenn ich das nur verstehen könnte! (lacht)

A: Vergiss es. Dieses „Ich" ist der Traum. Jedes Verstehen wäre eine weitere Erfahrung innerhalb des Erlebens von „Ich bin".

F: Aber da ist doch Verstehen.

A: Verständnis kann natürlich erscheinen, es ist jedoch leer – und gleichzeitig alles. Gibt es einen Erlebenden, erfährt dieser das

Verständnis als etwas Reales und lebt damit in Realität. Dann gibt es „mich" und „mein Verständnis" – scheinbar natürlich.

F: Was bringt mir denn das Ganze hier?

A: Nichts. Es bringt Dir nichts. Es kann Dir nichts bringen, denn es ist alles.

F: Dann gehe ich doch lieber woanders hin.

A: Nichts bringt Dir etwas. Aber es kann die Illusion stattfinden, dass es etwas gibt. Hilfe zum Beispiel. Bestärkung, dass Du etwas tun kannst; dass Du auf dem richtigen Weg bist. Letztendlich die Bestärkung, dass es Dich gibt.

F: Das fühlt sich doch gut an!

A: Ja, natürlich fühlt sich das gut an. „Ich bin" lebt regelrecht darin auf. Es lebt in der Illusion des „Ich brauche etwas", und dann bekommt es scheinbar etwas. Der Sucher kommt zum Meister und fragt: „Meister, was kann ich tun?" Der Meister sagt: „Du musst üben loszulassen." Und „Ich bin" läuft freudestrahlend, dankbar und frisch bestärkt davon. Auch der Meister wurde bestärkt, denn er konnte ja helfen. Ein tolles Spiel – es hat nur mit Befreiung nichts zu tun.

F: Hm.

A: Hilfe gibt es an jeder Ecke. Manches mag sogar funktionieren. Scheinbar. Eine Zeit lang. Wenn dann nichts mehr hilft, suchst Du Dir etwas Neues. „Ich bin" nennt das dann Entwicklung. Was sich darin allerdings niemals verändert, ist das Setup von „Ich bin": „Ich erfahre etwas", „Das, was ich erfahre ist nicht genug" und „Ich muss es finden". Das ist nicht falsch, denn es ist Einheit selbst. Nur wenn es real wäre, wäre es tragisch.

Erleuchtung konzentriert

F: Ich habe jetzt so lange nach Erleuchtung gesucht und in letzter Zeit nur noch gelitten. Es war wirklich schmerzhaft. Sag bloß, das war umsonst.

A: Ja, natürlich war es umsonst. Es gibt keine Erleuchtung. Allerdings war es Einheit selbst, die als das erschienen ist.

F: Ich war wirklich verzweifelt.

A: Ja, das kann passieren. Die Suche nach Erleuchtung kann sehr intensiv werden. Das scheinbare Ich projiziert all seine Wünsche und Hoffnungen auf Erleuchtung bzw. wartet auf die andauernde perfekte Erfahrung. Und so kann jeder Moment zum Gradmesser werden. Ist die Suche sehr intensiv, muss jeder Moment der Frage: „Bin ich es?" oder „Ist es das?" standhalten. Natürlich schafft er das nicht – und „Ich bin" scheitert. Das Dilemma ist, dass seine schiere Anwesenheit sein Scheitern bedeutet.

F: Es ist zum Verzweifeln.

A: Ja, „Ich bin" verzweifelt an dem Versuch, eins zu werden. So oder so. Ich wollte eine ganze Zeit lang herausfinden, ob ich im Moment bin oder nicht – und immer, wenn ich mir die Frage stellte, war ich es natürlich nicht. Auch ich war verzweifelt, dachte ich doch, dass das meine absolute Erlösung bedeuten würde.

F: War das auch intensiv für Dich?

A: Mich interessierte nichts anderes. Naja, wenig anderes.

F: Soll ich dann aufhören, spirituell zu suchen?

A: Wer sollte das tun? Wozu? Es gibt keine bessere oder schlechtere Suche. Die Suche nach persönlicher Erfüllung in der materiellen Welt – in Sex, in Spaß, in Geld – ist genauso zum Scheitern verurteilt wie die Suche nach Einsichten, nach Weisheit, Heilung oder

Erleuchtung. Geld ist ebenso wenig „etwas" wie es „Erleuchtung" ist. Beides ist sozusagen leer. Beides ist nicht-etwas. Das, was das scheinbare Ich darin vermutet – persönliche Erfüllung – bringt keines von beiden mit. Dass Dinge „Dinge" sind, die „mir" etwas geben können, ist der Traum. Es gibt keine Welt und keine Dinge, allerdings auch niemanden, der verloren hat und finden muss.

Sterben

F: Ich habe das Gefühl, dass sich mein ganzes Leben auflöst. Das hatte ich so nicht erwartet und ich empfinde es als sehr schmerzhaft. Jegliche Kontrolle scheint sich gleich mit aufzulösen. Ich strample und strample und komme doch nicht vorwärts.

A: Ein richtiger Überlebenskampf also.

F: Ja, absolut. Irgendwie kann ich schon sehen, dass es nicht ganz real ist – und doch haut es immer wieder voll rein und ist sehr schmerzhaft und beängstigend.

A: Ja, das kann sein. Aus der Sicht von „Ich bin" ist es tatsächlich Sterben. Es verliert alles, einschließlich seiner selbst. Entsprechend intensiv kann es sich anfühlen. Kontrolle ist illusionär. „Dinge" sind leer und illusionär. Für das scheinbare Ich, das gewohnt ist, dass es reale Dinge gibt, kann das sehr beängstigend sein. Es verliert jede Orientierung und ertrinkt regelrecht in der Absolutheit dessen, was ist. Es möchte nicht sterben. Niemals, außer in absoluter Verzweiflung, würde es sich für den Tod entscheiden. Es wäre das Eingeständnis, unbefriedigt zu sterben. Das würde es nie tun. Muss es allerdings auch gar nicht. Es geschieht – scheinbar – oder nicht.

F: Aber wieso muss es denn so schmerzhaft sein?

A: Muss es gar nicht, aber wenn es so geschieht, geschieht es eben so. „Ich bin" ist nicht real, und so ist es auch der Überlebens- bzw. Todeskampf nicht. Sterben ist leicht – es geschieht. Allerdings so, wie es geschieht. Es kann gekämpft werden bis zum Schluss – oder langsam Frieden geschlossen werden. Es geschieht – scheinbar. Es gibt allerdings niemanden, der wählen könnte. Und: Wie auch immer es geschieht, es ist bereits „das".

F: Wie war es denn für Dich?

A: Ich bin sanft entschlafen, könnte man sagen. Die Zeit der ganz intensiven Suche war etwa zwei Jahre vor meinem Tod vorüber. Gleichwohl fand Suche natürlich statt. Ich war ja noch da. Scheinbar zumindest. (lacht)

Entweder – oder

F: Andreas, ich weiß oft gar nicht, was ich wählen soll. Seit ich diese Botschaft kenne, bin ich sehr verwirrt. Ganz konkret frage ich mich, ob ich eine Therapie machen oder lieber zu Deinen Talks kommen soll. Was denkst Du denn darüber?

A: Naja, ich kann Deinen scheinbaren Zwiespalt verstehen – er ist das, was scheinbar passiert. Allerdings impliziert Deine Frage, dass Du annimmst, es gäbe zwei Möglichkeiten, es gäbe Dich, es gäbe „richtig" und „falsch" und eine Wahl. Das ist der Traum. Was Du ganz konkret tun sollst? Ich habe keine Ahnung. (lacht)

F: Ja, ich suche etwas Konkretes.

A: Dass „Du" der Traum bist, ist sehr konkret. Es gibt kein „Entweder-oder". Was hier gesagt wird, ist nicht der bessere Weg. Niemand lebt eine nicht-duale Lebensweise. Sie ist nicht der Gegensatz zu Therapie. Du kannst Dich weder richtig noch falsch verhalten, denn „Du" bist der Traum.

F: Du meinst, es spielt keine Rolle?

A: Ja, es hat keine Bedeutung. Niemand interessiert sich dafür, was Du tust oder nicht tust, denn da ist niemand. Du „tust" ja nicht mal, bzw. Du bist gar nicht das, was Du Dir einbildest zu sein, nämlich ein reales, eigenständiges Wesen.

F: Kann ich mir das „entbilden"?

A: Nein, kannst Du nicht. Dieses „Ich", das davon ausgeht zu sein, ist nicht wirklich. Niemand bildet sich das ein und niemand kann es sich „entbilden". Diese Anwesenheit ist illusionär. Erscheint sie, erscheint sie innerhalb ihres Erlebens als absolut real.

F: Obwohl sie es nicht ist?

A: Ja, obwohl sie es nicht ist.

Bedrohlich

F: Mir kommt alles so bedrohlich vor.

A: Ja, das kann passieren. Lebensbedrohlich sozusagen.

F: Hm.

A: Auf eine Art hast Du ja recht. „Ich bin" ist ständig bedroht. Es muss aktiv bleiben, um nicht zu sterben. In jeder Situation muss es „tun", um nicht darin zu verschwinden.

F: Das ist wirklich harte Arbeit.

A: Ja, das ist es.

F: Aber wieso ist die Illusion so stark?

A: Weil sie das ist, was scheinbar geschieht. Sie ist nicht stark in dem Sinn, dass sie auch schwächer werden könnte. Es ist eben Einheit, die als das Erleben von „Ich bin" erscheint. Wenn es das ist, was erscheint, ist es unumstößlich. Wenn allerdings das Verpuffen geschieht, ist es nichts.

F: Wer stellt denn diese enorme Energie, „Ich" zu sein, zur Verfügung? Diese ständige Arbeit?

A: Auch das ist Einheit selbst. Insofern steht dafür endlose Energie zur Verfügung. Selbst das geschieht völlig mühelos.

Kein Ereignis

F: Du hast mal gesagt, dass Du kein Ereignis hattest und dass Du es nicht mitbekommen hast.

A: Eigentlich ist es nie ein Ereignis, aber es kann mit einem Ereignis erscheinen. Auf eine Art könnte man auch sagen, dass dann ein Bemerken davon ist. Allerdings gibt es niemand, der bemerkt und deshalb auch kein reales Bemerken. Befreiung ist der Tod von demjenigen, der in Bewusstsein – also in Bemerken – lebt.

F: Warum ist es denn kein Ereignis?

A: Der scheinbare Tod von „Ich bin" ist das Ende des Erlebens von Realität, d.h. das Ende des Erlebens, dass „etwas Reales" passiert. Insofern ist Befreiung kein Ereignis, sondern sie ist das Ende des Erlebens von Ereignissen.

F: Ja, ich warte darauf, dass „etwas" passiert.

A: Genau das ist der Traum: dass noch etwas passiert. Dass noch etwas kommt – eine Zukunft, ein nächster Moment – ist Teil des Erlebens, „jemand" zu sein. Verpufft „Ich bin", verpufft dieses Erleben. Was bleibt, ist das, was sowieso schon ist. Was bleibt, bist du, wie Du sowieso schon bist – allerdings ohne die Illusion und das Erleben, „etwas" Eigenes zu sein.

Nichts Neues

F: Lieber Andreas, was Du sagst ist doch nichts Neues. Ich habe das Gefühl, dass ich das schon tausend Mal gehört habe, und nichts ist passiert.

A: Ja, es ist nichts Neues. Was Du bist, ist nichts Neues; ein alter Hut sozusagen. Und da Du es schon bist, wüsste ich nicht, was noch passieren sollte. Es ist Teil des Traumes von „Ich bin", dass noch etwas passieren muss, bevor es ganz ist.

F: Hm.

A: Ich habe nichts zu geben. Ich habe nichts, das Du nicht auch hast. Du musst nicht zu den Talks kommen. Du musst mich nicht auch noch erleben. Ich kann Dir genauso wenig geben wie jeder andere.

F: Das fühlt sich so wunderbar an.

A: Ja, es ist frei. Es ist für nichts. Es ist für nichts und niemand. Das ist die Freiheit.

F: Aber was machst Du denn, wenn keiner mehr kommt?

A: Ich habe keine Ahnung. Vielleicht gehe ich arbeiten. (lacht)

Unvorstellbar

Das scheinbare Ich kann diese Botschaft nur überhören oder zurückweisen. So sehr es sich ihr intellektuell anzunähern scheint, so wenig vorstellbar ist sie für das scheinbare Ich. Sie bleibt unhörbar, weil Sie dem kompletten Erleben des scheinbaren Ich widerspricht. „Ich bin" erfährt sich einfach als anwesend, bzw. das ist, was es ausmacht: sich als anwesend zu erfahren und in seiner eigenen Realität zu leben. Wie könnte es sich jemals Abwesenheit vorstellen?

Wie sollte es sich jemals Abwesenheit vorstellen, wo es sich doch sein ganzes scheinbares Leben lang als anwesend erfährt?! Es ist schlichtweg unmöglich.

Aufhören

F: Andreas, ich schaffe es einfach nicht, mit dem Suchen aufzuhören.

A: Natürlich nicht. Wer sollte das tun?

F: Aber ich weiß, dass es sinnlos ist.

A: Ja, okay. „Ich bin" kann aber die Suche nicht beenden, denn es besteht nur daraus, zu suchen. Deshalb ist das hier keine Empfehlung, die Suche zu beenden. Suche ist illusionär, so wie der Sucher illusionär ist. Es gibt keine reale Suche.

F: Du hast aufgehört zu suchen.

A: Nein, das habe ich nicht. Befreiung ist das Ende des Suchers und damit automatisch das Ende des Suchens. Aber dieses Ende ist weder machbar noch verhinderbar, abgesehen davon, dass es gar nicht wirklich geschieht.

F: Du meinst also, es ist okay, dass ich suche?

A: Naja, „okay" ist so eine Sache. Es ist das, was scheinbar passiert. Es ist jenseits von Richtig und Falsch. So gesehen ist es natürlich „okay" – und trotzdem ist es das, was es scheinbar ist: die vergebliche Suche nach persönlicher Erfüllung.

Unterm Strich

F: Andreas, nach allem was Du sagst: Was bleibt denn unterm Strich übrig?

A: Nichts bleibt übrig. Bzw. nicht-etwas. Das bleibt, aber es gibt nichts zum Mitnehmen.
Wovon hier gesprochen wird, ist kein Konzept und keine Lehre. Einheit ist nichts, das man Punkt für Punkt verstehen, abarbeiten und abhaken kann. Was ist denn Einheit? Das „hier": Sitzen, Sprechen, das Zimmer. Was natürlich nicht-etwas ist. Wie will man denn das, was scheinbar passiert, abhaken?
Das, was scheinbar passiert, *ist* einfach. Ohne Grund, aber eben genau so. Das ist das Wunder. Ein Wunder, das weder Verständnis noch Erkennen noch sonst irgendetwas braucht. Man könnte sagen, es ist unbedingt.

F: Es ist sehr energetisch.

A: Ja, absolut. „Es" ist Energie. Natürlich nicht „eine" Energie, sondern einfach Energie, die erscheint als das, was erscheint.

Keine Trennung

Es gibt einfach keine Trennung. Dieses ganze Setup aus Trennung, Verloren-Sein und Suche existiert nicht. Nichts muss bearbeitet oder aufgelöst werden. Nichts kann aufgelöst oder bearbeitet werden. Es ist nur das. „Ich bin" ist ein Traum. Natürlich scheitert das Ich an dem Versuch der persönlichen Vervollkommnung – es existiert gar nicht. Mit all seinen Versuchen, Wegen, Methoden versucht es, einen Abstand zu überbrücken, der gar nicht existiert. Es ist wirklich erstaunlich.

124

Anhang – Briefe

20.3.12

Hi Andreas, vielen Dank für Deine Antwort,

(...)

Meine Intention, warum ich Dir das schreibe, liegt irgendwie darin... also, Du hast es eh eigentlich schon beantwortet. Mir geht es dabei um diesen scheinbaren Sprung bzw. die scheinbare Verschiebung der Wahrnehmung. Bei mir ist da eine Art intuitive Ahnung, dass es da einen Sprung von einer Wahrnehmung zu einer völlig anderen Wahrnehmung (die dann scheinbar keine Wahrnehmung mehr ist) gibt. Da gibt es aus meiner Sicht viele scheinbare Leute (...), die diese scheinbare Verschiebung völlig übergehen. Es ist ja offenbar nicht möglich, scheinbare Personen (die sich scheinbar getrennt wahrnehmen/erleben) irgendwo innerhalb ihrer Wahrnehmung zu etwas „Friedlicherem, Tieferem, Einheitlicherem, Präsenterem, Wacherem" hinzuführen.

Also der scheinbare Andreas würde hier vermutlich sagen, dass sich das alles innerhalb einer Geschichte befindet. So ist scheinbar auch „Bewusstsein" eine Geschichte. Im Bewusstsein beginnt die „Ich-Wahrnehmung", aber es gibt noch etwas jenseits oder vor dem Bewusstsein, das ALL DAS in seiner Essenz ist und deshalb nichts ist, das lebt oder stirbt.

Bitte, scheinbarer Andreas, versetze mir den Todesstoß...

Alles Liebe,

Xxxx

21.3.12

Lieber Xxxx,

(...)

Dieses „ALL DAS in seiner Essenz" liegt nicht jenseits. Es ist das, was scheinbar passiert, aber das, was scheinbar passiert, ist eben kein Etwas, sondern nicht-etwas. Es ist nur das, was ist, aber es liegt jenseits der Wahrnehmung, „jemand" zu sein.

Das scheinbare Ich wartet immer darauf, dass etwas geschieht, und sei es ein Todesstoß. Aber da ist kein „Ich", das sterben könnte. Da ist nur, was erscheint. Was erscheint, ist alles und kann als alles erscheinen. Da gibt's keine Regeln, kein Richtig und Falsch, keine Zeit, keinen Raum, nur das, was erscheint. Und ja, das hat auch nix mit viel oder wenig Gedanken zu tun.

Ja, innerhalb einer Geschichte ist es möglich, dass sogenannte erwachte, spirituelle Lehrer – :-) – scheinbare Schüler zu einem friedlicheren Leben führen, aber ja, es bleibt innerhalb der persönlichen Geschichte des scheinbaren Ich und hat mit dem, wovon hier gesprochen wird, nichts zu tun. Spiritualität ist eine Geschichte!

Alles Liebe,

Andreas

22.7.12

Hallo lieber Andreas,

wenn gesagt wird, dass etwas getan werden muss, um DAS zu sein oder zu erreichen, wird gesagt, dass es da „jemand Getrenntes" gibt, der „etwas tun" könnte. Es wird scheinbar unbemerkt davon ausgegangen, dass sich „eine Instanz" („jemand") innerhalb einer Geschichte (oder eines „Bewusstseins") befindet, welche „tun, verstehen, vertiefen..." kann.

Das ist wirklich absurd. Das wurde bei mir nie so ganz gehört. Nur in Resonanz schien es klar zu sein. Aber wie Du auch sagst, da gibt es keine Berührungspunkte. Wenn die Ich-Geschichte läuft, wird nicht „frei" gehört.

Es scheint in Bezug auf diese Geschichten wirklich eine Klarheit vonnöten zu sein, einfach damit auf diese Storys nicht mehr reingefallen wird. So wie es aussieht, fallen ja viele darauf rein – kommunizieren viele innerhalb einer Geschichte...: „Ich habe es erreicht" usw. Na, Du weißt schon.

Alles Liebe,

Xxxx

23.7.12

Hallo, lieber Xxxx,

ja, sobald es eine Anleitung gibt, spielt das innerhalb einer Geschichte. Da steckt alles drin, was die künstliche Realität des scheinbaren Ich ausmacht, völlig egal, ob man hunderte von Leben durchmeditieren oder nur einen winzig-kleinen Schritt z.B. hierher, in diesen Moment, kommen soll: ein scheinbarer jemand, der anscheinend die Wahl hat, ein Ablauf in Zeit, ein Ziel, das es zu erreichen gilt. Dass es keinen Weg gibt, ist so einfach, dass es das scheinbare Ich überhört. Aber ja: auch nur überhören kann.

Ja, genau diese Instanz ist illusionär! :-)

Ja, vieles von dem, was heute unter Advaita, Satsang und Nicht-Dualität läuft, ist purer Dualismus. Diese Art der Botschaft ist immer noch sehr rar.

Alles Liebe,

Andreas

P.S.: Recht herzlichen Dank!

21.3.12

Lieber Andreas,

es ist einfach wortlos unbeschreiblich, mit Dir zu schreiben.
Irgendwo ist da schon ein Wissen, das weiß, was Du sagst. Es ist so,
wie wenn mehrere „Ich-Schichten" erstmal das verdauen müssen,
was Du sagst bzw. als Worte erscheinen lässt.

(...)

Es ist einfach für ein Ich scheinbar unmöglich, von seinen
„spirituellen Werten" abzulassen. Es ist alles eine Art Besitztum,
und das, wo es direkt um „mich" geht, ist das Heiligste. Das, was
„am nächsten" mit „mir" in Verbindung zu stehen scheint, werde
„ich" niemals loslassen.
Und ich glaube, deswegen ist es so schwer, das, was Du sagst
überhaupt zu hören. „Das Ich" kann sich nicht vorstellen, ohne
etwas zu sein. Da scheint einfach schon die scheinbar
„kleinkindliche Konditionierung" zu prägend zu sein.

„Ich" muss das verstehen... „Ich" muss damit was anfangen, damit
ich weiß, wie es weitergeht mit mir und meinem Leben... – diese
wahnsinnige Ernsthaftigkeit, die da mitspielt.

Alles Liebe,

Xxxx

22.3.12

Lieber Xxxx,

ja, es ist unbeschreiblich!

Das scheinbare Ich kann und wird das niemals hören, denn es ist sein
Tod! Was hier gesagt wird, geht über das Ich hinaus. Und ja, da ist
„Hören", eine Art Resonanz, ein „Ja" zum Gehörten, und auch das ist
unpersönlich und hat nichts mit diesem scheinbaren Ich zu tun. Das
ist wunderbar!

Du hast recht: Es geht nicht ums Loslassen oder sonst irgendetwas,
was „Ich" tun könnte. Die Energie von „Ich-Sein" lebt einfach in
ihrer Welt, und in der geht es nun mal ums „Ich". Du beschreibst das
sehr schön.

Übrigens: Das ist, was scheinbar passiert! Das ist Einheit, die als das
erscheint! :-)

Alles Liebe,

Andreas

23.3.12

Hi Andreas,
das entlastet mich sehr, was Du sagst. Die ganze Auseinandersetzung
mit Spiritualität war für mich eigentlich nur ein Zwang. Ich weiß
nicht, wie ich das genau ausdrücken kann, aber ich habe immer aus
einer „Ich-Welt" heraus „nach tiefem Verstehen" (oder was auch
immer) geforscht/gesucht...

Dieses „Ich" ist einfach unglaublich. Keiner weiß, von wo es kommt,
doch plötzlich ist es da und bin ich „ich".

Das ist jetzt 'ne Geschichte, aber egal... Ich bin in so einer
„kopflastigen, emotional verdichteten" Familie und Umfeld
aufgewachsen (praktisch, wo sich alle scheinbaren Menschen völlig
minderwertig, unzulänglich empfinden und usw.), dass ich glaubte,
dass mich nur irgendeine Art von Transformation von diesem
„Wahnsinn" befreien könnte. Also das „Ich-sein" war für mich
durch und durch unerträglich...
Was ich sagen will, ist, dass ich mich in etwa eine Million Mal
fragte, wie ich nur in dieser mir unerklärlichen „Wahrnehmung"
gelandet bin. Ich fand nie Leute, mit denen ich „geschichtenlos"
reden konnte. Ich meine, wenn ich mal mit meinen „Spaß-
Philosophien" loslegte, konnte ich ewig weiterreden. Aber „die
Ichs" steigen schon beim zweiten Satz aus und sagen: „Der ist nicht
ganz dicht." (lach)
Bei der „Ich-Welt" geht es im Grunde ja nur ums Vollstopfen. Wir
glauben, dass das irgendwie bedeutend ist, wenn wir etwas
„besonderes Wissen" oder wenn wir was auch immer angesammelt
haben. Aber das sind alles „Dinge", mit denen man eigentlich gar
nichts anfangen kann.

Du sagst es, Andreas... es sind nur unsere Geschichten. In unseren
Geschichten sieht es so aus, als wäre das scheinbare Gegenüber
anders oder als hätte uns „der andere" etwas Besonderes
anzubieten, aber das sind alles nur irgendwie „projizierte
Momentaufnahmen". Das Ich kann einfach nicht erfassen, dass „da
drüben" „nichts anderes" ist.

Alles Liebe,

Xxxx

24.3.12

Lieber Xxxx,

ja, es ist nicht zu erfassen! Und das ist wunderschön...

Viele erleben das scheinbare Getrenntsein als unerträglich. Aber:
Scheinbarer Wahnsinn oder nicht – jeder hat sein Päckchen zu
tragen... :-). Alles ist, wie es ist, oder besser: wie es erscheint. Ich
kenne Deine Familie nicht, aber ich glaube, dass viele scheinbare
Menschen mit Deinen Worten was anfangen könnten oder es
zumindest ähnlich beschreiben würden.

Als Anmerkung: Das scheinbare Ich kommt nirgendwoher und die
Betonung liegt eindeutig auf „scheinbar". Da ist kein Ich, sondern
nur, was erscheint. Niemand ist in der Wahrnehmung von „Ich-Sein"
gelandet, sondern Ich-Sein ist, was scheinbar passiert, also Einheit.

Du hast recht: Sobald die Wahrnehmung von Trennung erscheint,
beginnt die Suche. Diese Ich-Energie sucht in allem und jedem. Aber
das Einzige, was das scheinbare Ich scheinbar tut, ist sich als „Ich",
eben als das, was scheinbar getrennt ist, wahrzunehmen. Die Suche
ist also hoffnungslos zum Scheitern verurteilt! :-)

Ja, scheinbares Wissen gibt dem scheinbaren Ich das Gefühl,
Kontrolle zu haben, aber es ist völlig unbedeutend.

Alles Liebe,

Andreas

26.3.12

Hallo Andreas

*hier ist nun schon eindeutig ein subtil durchsickerndes
„Verständnis" oder „Sehen" (diese Worte erscheinen mir auch auf
eine Art unzutreffend).*
*Den scheinbaren Xxxx scheint zunehmend ein hintergründiger,
subtiler Traum zu begleiten, so als wäre er auf 'ne Art auf Urlaub,
obwohl alles scheinbar so wie immer ist. „Traum" und „Urlaub" ist
aber völlig inhaltslos, da ist niemand, der das irgendwie träumt oder
erlebt. Da ist nur als Ganzes etwas Hintergründiges, Leichtes,
Träumerisches und auf 'ne Art Frisches, Unmittelbares, „Energie-
durch-alles-Erscheinendes" (der scheinbare Xxxx war heute im
Tierpark – da war er wohl an einem guten Ort zum Staunen...)*
*Die Geschichten, die der scheinbare Xxxx als so „wahnsinnig
schwer, endlos verdichtend, verzweifelnd, aussichtslos..."
empfunden hat, sind quasi über Nacht um eine Spur „substanzloser"
geworden. Beim Lesen des heutigen Mails vom scheinbaren Andreas
ist gleich noch eindeutig etwas – „früher unlösbar, ungemein
Wichtiges, Festgeschriebenes" – unbedeutender und zugleich auf
eine Art klarer geworden. Der heutige Text scheint eindeutig
unmittelbar „einwirkend" zu sein.*
*Es wird irgendwie „rückwirkend eingesehen", was in manchen
Xxxx-Angelegenheiten die scheinbare Problematik war.*
*Speziell ein paar komplexe Themen, wie das Einstimmen auf das
„Christusbewusstsein"..., „Stille im Herzen" und dann wieder
„Affenverstand"... „Das Ich" hat hier gehörig zum Knabbern...*
*Oder Thema „Heilung"..., wie Andreas sagt: „Das Ich befindet sich
immer im Austausch mit der Welt"..., „immer Subjekt-Objekt
Beziehung"... möglicherweise eine unlösbare Sache...*

Alles Liebe,

Xxxx

27.3.12

Lieber Xxxx,

vielen Dank für Deinen Bericht. Es freut mich sehr, von Dir zu lesen!

Ja, für das scheinbare Ich gibt es keine Lösung. Es macht und tut und rackert sich ab (scheinbar), um endlich eins zu werden. Und übersieht dabei, dass es selbst der Trenner ist. Der Witz ist, dass das, was gesucht wird, bereits ist! All die Wege, all die Methoden scheinen für einen Moment zu helfen; aber das Ganze bleibt innerhalb der Geschichte des scheinbaren Getrenntseins. „Ich" muss etwas tun, um „das" zu sein. Die Wahrnehmung des „Jemand-Seins", also die Wahrnehmung des Getrenntseins, wird davon nicht berührt. Es ist wirklich erstaunlich!

Alles Liebe,

Andreas

28.3.12

Hallo lieber Andreas,

es gibt für mich kein schöneres Privileg, als wenn sich niemand freut, von mir zu lesen.
Es ist einfach toll, dass der scheinbare Andreas immer wieder scheinbar antwortet. Ich weiß gar nicht, warum er das tut, aber es macht mir eine Riesenfreude... jedes Mal von neuem.

Da schwingt irgendwie immer eine „befreiende Korrektur" mit. Bei Xxxx schwingen manchmal scheinbar schwere, „langgezogene" Geschichten mit, die dann plötzlich wunderbar unbedeutend und sogar auf 'ne Art „in sich befreiend" erscheinen.

...hab mir heute schon die Aufzeichnung vom gestrigen Live-Chat angesehen. Scheinbar gestern war bei mir während des Chats „depressive, verdichtende, isolierende... Stimmung", so als hätte „Ich" keinen Millimeter, um zu entspannen, dennoch war ununterbrochen eine unbeschreibliche „unberührte Lockerheit" scheinbar unauffällig durchdringend.
Scheinbarer Xxxx schnallt offenbar nicht mehr so ganz, was abgeht. Immer wieder scheint es eine „intellektuelle, verdichtende Festmachung" zu geben (bzw. diese scheint stets „vordergründig vorhanden" zu sein) und dann kommt wieder ein leichtes „Ah wow, es hat ja eh gar nichts mit Verstehen oder Einkreisen zu tun."

(...)

Es ist einfach ohne Worte, dass letztlich in allem das scheinbare Ich überbleiben will. Aber es hat ja scheinbar keine Wahl, weil „Ich" besteht nur darin, „Ich" zu sein...

Alles Liebe,

Xxxx

30.3.12

Lieber Xxxx,

hier ist auch Freude!

Ja, da ist nur Freiheit – also ist auch alles, was erscheint, bereits frei bzw. Freiheit. Geschichten sind das, was scheinbar passiert – völlig unbedeutend, und doch geschehen sie, scheinbar.

Ja, das scheinbare Ich hat keinen blassen Schimmer, was geht! Einheit – das, was erscheint! – kann nicht gewusst oder gekannt werden, denn es ist kein Etwas; es ist keine Sache, die man kennen kann. Es ist nicht-etwas. Das scheinbare Ich lebt in scheinbarem Kennen. Es kennt seine Vergangenheit, es kennt die Welt, es kennt sich selbst und seine Situation: „Meine Situation ist ‚so und so‘, weil heute ‚dies und das‘ passiert ist, jetzt geht’s mir ‚so und so‘ und ich habe dies und das gemacht“ – und so geht’s grad weiter. Immer lebt es im scheinbaren Kennen dessen, was erscheint, obwohl es gar nicht gekannt werden kann. Ohne Ich ist Leben in Nicht-Wissen, denn Einheit kann nicht gewusst werden.

(...)

Die Vorstellung, dass das Leben einfach „ohne Ich“ weitergeht, ist für das scheinbare Ich sehr befremdlich. Die Idee von Selbstmord spielt innerhalb der Geschichte des scheinbaren Ich. Letztendlich geht’s dabei um die letzte Form der Kontrolle, z.B. wenn es den Eindruck hat, dass die momentane Situation ausweglos sei oder es glaubt, dass die Gefühle zu intensiv sind. Ist natürlich Quatsch; und auf irgendeine unlogische Art (!) glaubt das scheinbare Ich, dadurch sein zu können: „Und ich sitz’ doch am längeren Hebel!“

Alles Liebe,

Andreas

2.4.12

Lieber Andreas,

(...)

Scheinbar erzeugt das Gehirn (mit gleichzeitig erscheinendem „Bewusstsein") ein „Ich" bzw. „ein Wesen" (natürlich alles nur scheinbar). Der scheinbare Nisargadatta scheint zu sagen (und das scheinen sehr wenige zu sagen), dass selbst „Bewusstsein" mit dem „Nahrungskörper" entsteht. Wenn, so gesehen, dieses „Bewusstsein" mit einem „Gehirnvorgang" (bzw. auch dem entstehenden oder erscheinenden „Intellekt") Hand in Hand geht, ist es kein Wunder, das sich das „daraus gebildete" scheinbare Ich niemals auf ALLES und NICHTS einlässt. Das von vielen so hochgepriesene „Bewusstsein" scheint schon eine „Ich-Wahrnehmung" zu sein. Das eigentliche SEIN ist DIES und hat nichts mit „Bewusstsein" zu tun, welches schon eine Erscheinung ist.

Vielleicht kannst Du dazu was sagen. Ich hab keine Ahnung, was mich bewegt...

Bei mir war's immer so, dass ich glaubte, über schöne Träume Schönheit erschaffen zu können. Aber Träume erschaffen nur Träume. „Wenn ich nicht mehr träume, könnte ja alles Schreckliche tatsächlich schrecklich sein..."

Alles Liebe,

Xxxx

3.4.12

Lieber Xxxx,

ja, Du hast völlig recht: Das, was erscheint, hat nichts mit
Bewusstsein zu tun. Sobald da eine Wahrnehmung, quasi ein Wissen
über ein Selbst ist – „Ich bin mir meiner selbst bewusst" – ist da
scheinbare Trennung. Man kann sich Einheit nicht bewusst sein,
denn dazu bräuchte es etwas, das von Einheit, also von dem, was
erscheint, getrennt wäre. Da ist aber nichts! Auch das „Ich bin"-
Gefühl, das viele beschreiben, hat hiermit nichts zu tun, denn „Ich
bin" ist offensichtlich scheinbare Trennung. Bewusstsein oder
Gewahrsein sind Geschichten innerhalb einer persönlichen
Erfahrung.

Ja, das scheinbare Ich nimmt sich als getrennt von der Welt wahr,
und ganz selbstverständlich glaubt es, irgendwie überleben zu
müssen! Und auf eine Art hat es etwas sehr Liebenswürdiges: Es
macht und tut und gibt täglich sein Bestes. Im Prinzip möchte es nur
alles richtig machen, um entweder zu überleben oder endlich eins zu
sein.

Natürlich ist da kein „Ich", das überleben oder eins werden muss,
sondern nur, was erscheint!

Alles Liebe,

Andreas

6.4.12

Ja, lieber Andreas,

es ist nichts, das einfach nur erscheint.

Es ist wunderbarer Weise bedeutungslos.

Zum Glück hat Liebe keine Bedeutung. Darin eröffnet sich eine unbeschreibliche Neutralität.

Und ich muss nochmal erwähnen, dass ich es einfach unbeschreiblich toll finde, wie scheinbarer Andreas kommuniziert. Da wird genau (und nur) das erscheinende Ich (bzw. die „Ich-Wahrnehmung") in seinem scheinbaren Wirken angesprochen. Kein Unterton in irgendeine Richtung.

Sehr viele scheinbare „Keine-Person-mehr" sprechen von diesem und jenem, von Stille, Bewusstsein-Genießen, die-Essenz-Spüren... Ich kann mit all dem nichts anfangen. Mir fehlt dabei Neutralität. In meinen Augen geht es nur ums scheinbare Ich. Entweder ist da Ich oder ist kein Ich.

Bei Xxxx wurde scheinbar so gesehen, dass jede Form von scheinbarer Trennung nur Ich ist (dann scheint es in scheinbare Richtungen oder scheinbare Ebenen zu gehen) und dass die „Ich-Energie" auch nur DIES ist.
So bleibt kein „psychologischer, spirituell-mystischer oder physiologischer" Unterton mehr.

Mir scheint, in all den scheinbaren Aussagen von „Bewusstsein genießen", „Essenz spüren oder vertiefen", „Subtilebenen durchdringen" usw., scheint sich ein subtiles Ich zu verbergen. Wenn da niemand mehr ist, warum wird dann über solche Dinge gesprochen? Warum wird nicht über nichts gesprochen?

Offenbar wird dabei ignoriert, dass nur DIES ist.

Alles Liebe,

Xxxx

7.4.12

Lieber Xxxxx,

ja, mir geht's da ganz ähnlich. Ich habe auch keine Ahnung, was damit – „die Essenz spüren", „Subtilebenen durchdringen", „den Moment genießen" – gemeint ist. Offensichtlich sind das alles Geschichten, die innerhalb einer scheinbaren persönlichen Erfahrung spielen. Immer geht es darum, dass etwas anders, tiefer, echter, authentischer, spiritueller oder was-auch-immer sein soll als es erscheint. Und Du hast recht: Oft wird von Einheit gesprochen, um dann im zweiten Satz zu erklären, wie „Ich" da hinkommt. Und schon hat es nichts mehr mit dem zu tun, was hier kommuniziert wird.

Daran ist nichts verkehrt. Aber mit dem Hinweis, dass es sich dabei um persönliche Geschichten handelt, auch nicht.

Ja, es ist wirklich toll!

Alles Liebe,

Andreas

23.7.12

Lieber Andreas,

ohne Worte! Ich hab bisher nur höchstens von drei Leuten gehört,
wo ich sagen kann, dass sie absolut keine Botschaft vermitteln, die
sich in irgendeiner Weise auf eine Instanz bezieht. Es ist wirklich
erstaunlich, was da über die Hintertür angeboten wird.

„Unpersönlicher Liebe" ist halt nicht beizukommen. Es kann nicht
gewusst oder gekannt werden. Es ist nicht zu wissen, was es ist
(vielleicht ist es auch „Hundescheiße" oder „Krokodilgekotze").

Ja, wie Du sagst: In dem winzig-kleinen Schritt steckt alles drin.
Man kann auch sagen, die ganze Erscheinung von „Angst, Wissen,
Autorität, Verrat, Gewalt, Manipulation, Verwirrung, Weglauf..." (in
„durchgeschütteltem Ablauf") steckt in dem kleinen Schritt.

Du hast irgendwo erwähnt, dass Du mit „Identifikation" nicht viel
anfangen kannst bzw. nicht weißt, was damit gemeint ist. Für mich
war das immer ein Schlüsselwort. Einfach dieses „Identifikation mit
Form", „Dein Kampf dreht sich um die Identifikation mit Form".
Aber jetzt ist's klar. Wenn von „Identifikation" ausgegangen wird,
dann hakt's natürlich...

Alles Liebe,

Xxxx

P.S. Danke auch herzlich und frei!

25.7.12

Lieber Xxxx,

ja, sobald es ein Angebot gibt („Tue das, dann wird das geschehen"),
ist es eine Religion, eine Praxis, und spielt innerhalb einer
persönlichen Geschichte.

Ja, es gibt keinen Schritt. Da ist nichts, das getrennt wäre und
irgendwohin gehen könnte.

Dieses ganze Ding mit „identifiziert sein" ist eine Geschichte. Ja,
man könnte sagen, dass das scheinbare Ich in permanenter
Identifikation lebt, d.h. dass es alles persönlich und als nur real
wahrnimmt. Allerdings kommt es mir so vor, als ob das scheinbare
Ich Intensität mit „identifiziert sein" bezeichnet und Coolness mit
„nicht identifiziert sein". „Intensität" und „Coolness" ist einfach, was
erscheint, also Einheit, die erscheint, als was sie erscheint. Es ist das
scheinbare Ich, das in Geschichten lebt und eine Vorstellung davon
hat, wie Befreiung aussieht. Aber in scheinbarer Befreiung ist alles!

Es ist so einfach!

Alles Liebe,

Andreas

10.8.12

Und noch was :-)

„Bewusstsein oder Gewahrsein sind Geschichten innerhalb einer persönlichen Erfahrung ".

(Das wurde mir mal von des scheinbaren Andreas' Adresse geschickt :-))

(...)

Das, was „Andreas kommuniziert ", geht („kompromisslos ") über das sogenannte Gewahrsein hinaus. UND DAS IST ETWAS, WAS BEI DER XXXX ADRESSE   :-) AUSLÖST. Hier besteht eine absolute „An-Erkennung " über den „Wert " dieser Kommunikation.

Etwas, das über das „menschliche Herz " hinausgeht, ist.

Lachen, Weinen, Verstand, Durchdrehen, Feuer, Leben, Vater, Mutter, Schreien, Sterben, WOW.

Alles Liebe,

Xxxx

11.8.12

Lieber Xxxx,

ja, meistens wird „Gewahrsein" als etwas Persönliches betrachtet.
Als ob da „etwas" wäre – Ich, ein stiller Beobachter, ein Bewusstsein
– das sich dessen, was geschieht, gewahr sein könnte oder müsste.
Doch genau das ist die beste Beschreibung für scheinbare Trennung.
Wenn ich die Worte „Gewahrsein" oder „klares Sehen" verwenden
würde, dann auch mit dem Hinweis, dass es so etwas nicht gibt,
sondern dass auch das ist, was erscheint. Nämlich nicht-etwas, das
erscheint, als „klares Sehen".

Ja, was erscheint, ist jenseits von Erfahrung. Das scheinbare Ende
vom scheinbaren Ich ist das scheinbare Ende des scheinbar
Erfahrenden.

Alles Liebe,

Andreas

14.8.12

Lieber Andreas

Es gibt nichts mehr zu sagen! Es ist offensichtlich, dass, was auch immer erscheint, so erscheint, wie es eben erscheint. Falls „etwas" einer scheinbaren Antwort oder Lösung bedarf, dann geschieht das unmittelbar, ohne Instanz, so wie alles unmittelbar (ohne Instanz) (scheinbar) geschieht.

Etwas kommt mir noch hoch, das sich möglicherweise schon während dem Schreiben als irrelevant erweist. :-) Die Wahrnehmung von Trennung bzw. „die Ich-Instanz" ist mehr als nur ein Glaube oder eine Annahme. Sie ist auch wirklich eine Energie im Körper (wie Du auch sagst!?). Du sagtest in etwa (soweit ich mich erinnere): „Das Ich" abstrahiert sich von DEM (was ist oder erscheint) und bezieht dann alles auf „sich". Dieser Zug auf diese Einengung ist schon eigenartig... Sobald da scheinbare Trennung erscheint, kann offenbar nur mehr auf Trennung zurückgegriffen werden. (Auch wenn die Trennung in Form von Wohlfühlen, Geschafft-Haben, Losgeworden-Sein, Verliebt-Sein, Lottogewinn... wie Einheit erscheinen kann). DIES, DAS, was erscheint, nicht-etwas ist unerreichbar für auch nur die subtilste Form von scheinbarer Trennung. Schrecklich und wunderbar (tendenziell eindeutig mehr schrecklich :-)).

Alles Liebe,

Xxxx

15.8.12

Lieber Xxxx,

ja, das scheinbare Ich erlebt sich eben nur als „Ich", also als das, was scheinbar getrennt ist. Und so ist das scheinbare Ich immer der (scheinbar getrennte) Erfahrende. Ein „künstliches" Zentrum, von dem aus alles erlebt und erfahren wird. Und Du hast recht: Egal, was dieses scheinbare Ich erfährt, es bleibt immer innerhalb einer persönlichen Geschichte, einfach weil es von scheinbar „jemand" erfahren wird. Dieser scheinbare „jemand" lebt nur in scheinbarer Trennung und befindet sich in permanenter Beziehung mit dem, was er erfährt. Die Subjekt-Objekt-Wahrnehmung bleibt also auch in vom scheinbaren Ich als „positiv" bezeichneten Erfahrungen erhalten und lässt selbst diese nicht „alles" sein. Ja, das ist das Dilemma des scheinbaren Ich.

Ja, sobald da die Wahrnehmung von Trennung ist, ist auch „leben in einer künstlichen Realität".

Ja, nicht-etwas ist unerreichbar. Nicht weil es weit weg ist, sondern weil es bereits ist!

Alles Liebe,

Andreas

Danksagungen

Chris Paschinger

Traude Rehse-Scholich

Maria Pätzold

Maren Roloff

Nadine und Soham

Tony und Claire Parsons

Andreas, geboren 1979 in Ludwigsburg bei Stuttgart, war seit seiner Jugend ein spirituell Suchender. Glaubte er in dieser Zeit, im Konsum diverser Substanzen seinen Weg zum Glück gefunden zu haben, endete dieses Leben jedoch im Zusammenbruch. Auf der Suche, die im Rausch erlebten Glücksgefühle wieder nüchtern erleben zu können, stolperte er 2002 in die Spiritualität und in den Satsang. 2009 begegnete er Tony Parsons und dessen kompromissloser Botschaft. Beinahe unmerklich starb der Sucher. Seit 2011 reist Andreas, von Tony ermutigt, um die Welt und bietet seine OnenessTalks an.

Information:

www.thetimelesswonder.com

Außerdem erschienen:

Weihnachten hat es nie gegeben!

Das kleine Buch vom nichts, das Alles ist

Erschienen im April 2014

ISBN: 978-3-7357-2182-2

Andreas' erstes Buch.

No-thing

ungraspable freedom

Erschienen im April 2016

ISBN: 978-3-8391-5292-8

Erhältlich auf Englisch, Spanisch und
Französisch!